キャンプ&BBQ 最新ベストギア

Camp & BBQ Gear Catalog

Sleeping Bag,Kettle,Skillet,Tent,Lantern,Dutch Oven,Tarp,
Cooler Box,Head Lamp,Fire Pit,Hot Sandwich Maker,
Table,Chair,Cutlery,Burner........etc.

道具を揃える楽しみは
キャンプの醍醐味のひとつ

鳥の声で目覚める朝の空気、
焚き火を囲んで仲間と語らう時間、
炭火で焼いたBBQ料理をツマミに飲む
キンキンに冷えたビールの美味さ。
キャンプの魅力を一言で表すのは難しいが、
ギアを揃えることも、間違いなく
そんなキャンプの醍醐味のひとつだろう。
使い勝手を考えて細部まで
設計されたデザインの美しさや、
持ち運びを考慮して極限まで
コンパクトにできるギミックを

備えたギアを徐々に手に入れる感覚は、
ギア好きならずとも心高ぶるはず。
しかし、普段使い慣れない道具を
選ぶのはなかなか難しいもの。
本書は、これからBBQや
キャンプに挑戦してみたい方々が、
ギア選びでつまづかないための
知識を詰め込んだ一冊である。
手に入りやすいものを中心に、
どれを選んでも後悔させない、
あなたの初キャンプをサポートする
実力派のラインナップを取り揃えた。
手に入れた暁には、
大自然の中でその実力のほどを
確かめてみてほしい。

知っておきたい13の心構えと準備

ギアを揃えれば、すぐにキャンプが始められるわけではない。キャンプ場に着いてから困らないためにも、まずは基本的なキャンプの知識を頭に入れておこう。

Text by Kei Ikeda
Photo by Hiroyuki Usami, Masato Kameda, Koichi Masukawa, Koji Miyata, Tomoharu Hirose, Dai Iizaka, Shingo Inomata

01/13

どんなキャンプをしたいかで 必要な道具は異なる

必要のないものを買ってしまわないためにも、まずは脳内でイメージトレーニング。買い物に出かける前に、どのようなスタイルのキャンプをしたいかを思い描いてみよう。時期はいつ頃か、人数は、宿泊はしたいのか、交通手段は車か電車か……。ひと口に「キャンプ用のギア」と言っても、キャンプのスタイルによって必要となるギアはさまざまだ

車があれば仲間と盛大に!
オートキャンプ

車にギアを満載にして楽しむラグジュアリーなスタイルを「オートキャンプ」と呼ぶ。キャンプ設営地のすぐそばまで車でアクセスできるので、マイカーに乗せられる範囲であれば、ギアは快適さを優先させて選びたい

揃えたい道具のチェックリスト

■ 大型テント	■ 大型バーナー	■ ランタン
■ 大型タープ	■ 焚き火台	■ ヘッドランプ（各自）
■ 寝袋（各自）	■ 斧or鉈	■ 大型クーラーボックス
■ マット（各自）	■ クッカーなどの調理道具	■ ウォータージャグ
■ チェア×人数分	■ カトラリー（各自）	■ 遊び道具
■ テーブル		

電車で全てを背負って行く
ミニマムキャンプ

衣食住に必要なギアをバックパックひとつに詰め込んで向かうスタイル。テントから食事まで自ら背負うので、必然的に軽量コンパクトなセレクトが中心となる。小さくても快適なサイトを作れるよう工夫するのも楽しい

揃えたい道具のチェックリスト

■ 軽量テント	■ 軽量テーブル	■ ランタン
■ 軽量タープ	■ 小型バーナー	■ ヘッドランプ（各自）
■ 寝袋（各自）	■ ナイフ	■ クーラーボックス
■ マット（各自）	■ クッカーなどの調理道具	■ 水筒
■ 小型チェア×人数分	■ カトラリー（各自）	■ 遊び道具

ファミリーキャンプ

家族と楽しむファミリーキャンプに必要なギアは、オートキャンプとほとんど同じ。こちらは、子どもも使いやすいギアを選ぶことがポイント。テーブルやチェアは、子どもと同じ目線になれるロースタイルのものを取り入れてみるのもあり

揃えたい道具のチェックリスト

- ■ 大型テント
- ■ 大型タープ
- ■ 寝袋×人数分
- ■ マット×人数分
- ■ チェア×人数分
- ■ テーブル
- ■ バーナー
- ■ 焚き火台
- ■ ナイフ
- ■ クッカーなどの調理道具
- ■ カトラリー（各自）
- ■ ランタン
- ■ ヘッドランプ×人数分
- ■ クーラーボックス
- ■ ウォータージャグ
- ■ 遊び道具

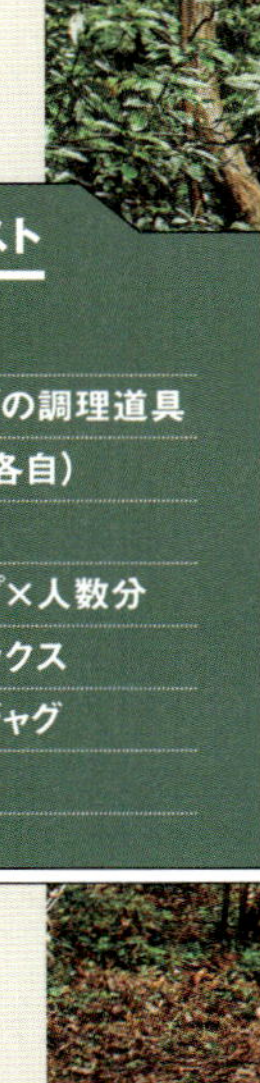

揃えたい道具のチェックリスト

- ■ 大型タープ
- ■ チェア×人数分
- ■ テーブル
- ■ BBQグリル
- ■ ナイフ
- ■ クッカーなどの調理道具
- ■ カトラリー（各自）
- ■ クーラーボックス
- ■ ウォータージャグ
- ■ 遊び道具

日帰りBBQ

まずは手軽にアウトドアを楽しんでみたいならば、日帰りのBBQがもっとも手軽なスタイルだろう。宿泊用のギアが必要ないので、荷物はぐっと少なくて済む。その分、料理だけでなく、グリルやテーブル選びにこだわってみては？

役割は参加者全員で分担しよう

キャンプに行くと、どうしても計画を立てた人に仕事が偏ってしまいがち。そこで、オススメしたいのが事前に参加者で役割を分担しておくこと。計画係、買い出し係、調理係、設営係、会計係などを割り振っておけば、事前の準備も盛り上がり、全員が楽しめるだろう

暑さ対策と寒さ対策は万全に！

アウトドアはみなさんが想像している以上に夏は暑く、冬は寒いと思ったほうがいい。雨が降ったり、風が吹いたりすれば、気温が急変することもあるので、天候への対策は抜かりなく。夏はタープを張って日陰を作ったり、帽子をかぶるなど、熱中症対策も必須だ

夏場は虫対策を怠るなかれ

熱中症対策とともに、夏場のキャンプでは虫対策も重要。特に外で寝ることに慣れていないと、テント内に侵入した蚊が気になって眠れぬ夜を過ごすことになるかも……。蚊取り線香はアウトドア用の強力なものもあるので、ショップで探してみよう

とっておきの**キャンプ料理**を
ひとつマスターしていこう

05
13

「外だとラーメンだって美味い」とよく言われるが、これは嘘のような本当の話。でも、せっかくならさらに美味いキャンプ料理を味わっていただきたい。まずは一品、とっておきの料理が出せるように準備していこう。手軽に盛り上がれるレシピはP.70〜を参照

06
13

道具は自宅で
最低一度は
開いてみること

初めてのキャンプでやりがちな失敗は、ギアを買ったままの状態でキャンプ場に持ってきてしまうこと。別売りのパーツがないと使えないギアもあるので、事前に自宅で中身を確かめてから、余裕があれば試しに一度組み立ててから本番に臨みたい

07
13

焦って買うくらいなら
自宅にあるもので
済ませよう

出発直前までバタバタして、よく吟味せずに買ってしまうこともよくある。しかし、そうしたギアはやはり長く愛せないものが多い。焦って購入するくらいなら、自宅にあるもので替えがきくか考えてみよう。初めてならなおさら使い慣れたものが便利なのだ

水がなければ**キャンプは始まらない**

08
13

テントと寝袋は揃えた、ダッチオーブンも買った、ギアはバッチリ整ったと思っている時に、忘れがちなのがウォータージャグや水筒。キャンプ場は水道が遠くにしかないことが多いので、自分のサイトに大量の水を置いておけるこのギアは必要不可欠。カタログはP.82〜チェック

初めから**焚き火が**
上手い奴なんていない

10
13

キャンプビギナーにとって、テントの設営と並び、壁となるのが火起こし。これはとにかく回数をこなして慣れるしかない。初めから焚き火が上手い奴なんていないのだ、と開き直っていただき、P.58〜を見ながらとにかく練習あるのみ！

子どもにも役割を与えて
キャンプに参加させよう

09
13

ファミリーでキャンプを楽しむ時には、どうしても大人が何でも作業をしてしまいがち。しかし、子どもにも手伝ってもらえる役割を考えてみるといい。案外、自分が思っている以上に子どもは何でもできて、我が子の成長を感じられるはずだ。料理や焚き火も危険には注意を払いつつ、積極的に手伝ってもらおう

11

キャンプ場候補は最低2カ所以上用意すると安心

キャンプは、とにかく天気が重要である。そこで、キャンプ場候補は最低でも2カ所以上で計画を立てるといい。離れた場所で考えておけば、出発前に天気予報を見比べて天気のいいほうを選ぶことができる。初めてのキャンプが雨の中では、キャンプが嫌いになってしまうかも……

12

万が一に備えて応急セットは必ず準備する

普段やり慣れないことをするので、予想外のアクシデントが起こることもある。傷や虫刺され、風邪薬など、ちょっとした応急セットは必ず用意しておこう。アウトドアショップに行けば、便利なセットも手に入る。もちろん、家にあるもので構わない

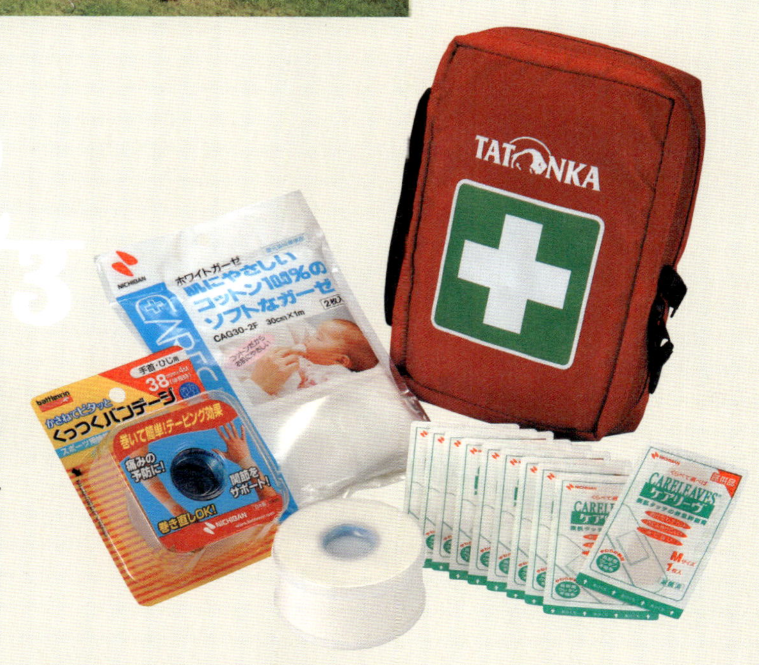

13

片付けまで考えてこそ一人前のキャンパーだ

キャンプ場でもゴミは分別して出すのが当たり前。後から仕分けするのは大変なので、分別できるようなゴミ箱を最初に用意してからスタートするといい。グリルや鍋を洗うための洗剤やブラシも用意して、片付けまでスムースに行ってこそ一人前のキャンパーだ

＊掲載価格はすべて税抜き価格で、2017年6月現在のものです。
　表記されているサイズは奥行×幅×高さの数値です。

Contents

Tent

[テント]

**テントはキャンプサイトの主役となるギア。
見た目の奇抜さやカラーで選ぶか、はたまた機能性を重視して選ぶか。
幅広く個性的な選択肢に頭を悩ませていただきたい。**

Text by Kei Ikeda

Point_1

**広さだけじゃなく、
高さが意外と重要**

サイズは高さも要確認。立ったまま使えるか、座って使うタイプかがわかるはず。実際の広さはインナーのサイズで確認しよう

Point_2

まずは何人で使うかを想定する

車で行くキャンプならば問題ないが、自分で背負って行くのなら収納サイズと重量は大切。3kg前後までを目安にしたい

ogawa／ピルツ9-DX

¥75,000

サイズ：320×320×245㎝
収納サイズ：78×22×22㎝
適正使用人数：4人
重量：約7.4kg
問：キャンパルジャパン

天井が高く、快適な空間を実現する八角形のティピ型テント。空気の通り道となるベンチレーター、出入り口のメッシュパネル、日陰を作るひさしを装備し、暑い時期も快適。ポール一本で簡単に設営できることも魅力だ

Point_3

収納サイズと重量が持ち運びを左右する

軽量で収納サイズがコンパクトなモデルなら、持ち運びが楽々。さらに、余計なスペースを取らないので、保管する時にも便利だ

テンマクデザイン／
グランドハット4

¥49,800

サイズ：約300×270×180㎝（インナー）
約315×510×190㎝（フライ）
収納サイズ：約φ24×60㎝
適正使用人数：4人
重量：約11kg
問：カンセキ

高温多湿な日本の環境に合わせて開発された快適なモデル。インナーを半分取り外すと広い前室ができ、全て取り外すとシェードとしても使えるなど、これ一つでさまざまな使い方ができる汎用性の高さも売り

ホールアース／
アースツーリングテント

¥18,000

サイズ：約130×210×100㎝（インナー）
収納サイズ：約15×15×50㎝
適正使用人数：1〜2人
重量：約3kg
問：フラッグ

カラフルなアースカモ柄が目を引くモデル。コンパクトに収まるので、電車を利用したキャンプやツーリングキャンプにもぴったり。設営方法は簡単に組み立て可能な吊り下げ式を採用。初めてのキャンプでも安心だ

ロゴス／ベーシックドーム・PLR XL カモフラ

¥47,000

サイズ：約270×270×145cm（インナー）
約420×270×170cm（フライ）
収納サイズ：約64×24×24cm
適正使用人数：〜5人
重量：約8kg
問：ロゴスコーポレーション

家族5人が寝られる広々としたスペースを確保しつつ、収納サイズは驚くほどコンパクト。別売りのオプションパーツも充実しており、手に入れた後にさらなる使い方を考えるのも楽しいひと張りだ

コールマン／タフドーム/3025

¥31,800

インナーサイズ：約300×250×175cm
収納サイズ：約φ26×72cm
適正使用人数：4〜5人
重量：約10kg
問：コールマンジャパン

家族4人でもゆったり快適に寝られる、高さ、広さともに申し分のないスタンダードなドーム型テント。強風でもビクともしない強度も魅力。2017年からは細部のパーツが見直され、一人でも簡単に設営ができる

ニーモ／ブレイズ2P

¥61,000

サイズ：216×127×104cm
収納サイズ：約φ12×43cm
適正使用人数：1〜2人
重量：910g
問：イワタニ・プリムス

大人2人が眠れるスペースをもちつつ、1kgを切るという驚異的な軽さを実現。独自のポール構造により、広い居住空間も確保している。山登りなどに向けて作られたものだが、電車移動がメインのキャンパーにとって、この軽さは嬉しい選択肢となるだろう

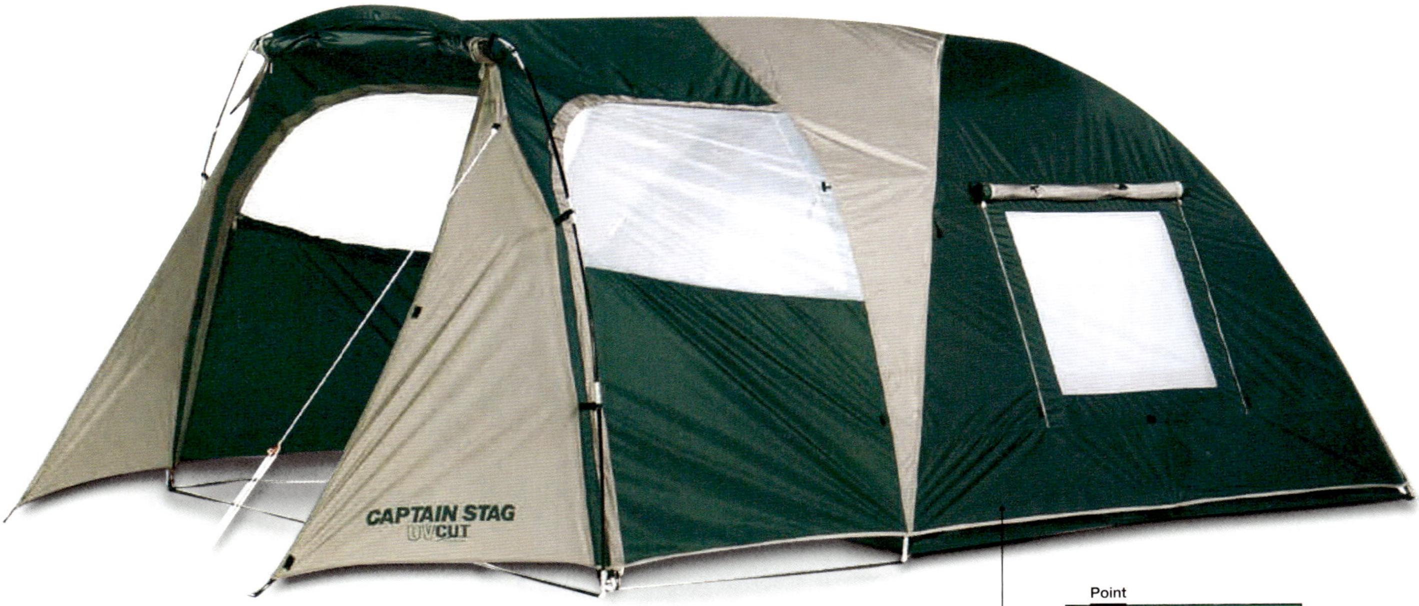

Point

2ルームテントとは?

就寝スペースとは別に、リビングスペースも兼ね備えたテントのこと。タープを立てなくても、日陰や雨よけが作れるので一台二役で手軽なのだ

▲

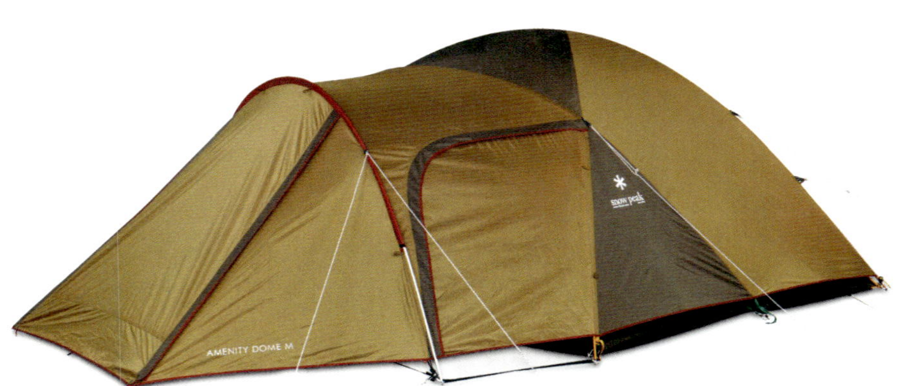

キャプテンスタッグ／CSツールームドームUV

¥48,000

サイズ：約220×475×165㎝
収納サイズ：約65×21×23㎝
適正使用人数：3～4人
重量：約9.5kg
問：キャプテンスタッグ

テントの前面に、リビングスペースを広げられるひさしを装備。出入り口を開くと、さらに開放感がアップする。紫外線を95%カットする生地を使用し、大きめのメッシュ窓も複数あるので、夏場の快適性も高い

◀

スノーピーク／アメニティドームM

¥32,800

サイズ：280×505×150㎝
収納サイズ：74×22×25㎝
適正使用人数：大人2人＋子ども3人
重量：8kg
問：スノーピーク

日本メーカーならではの気配りを満載し、初キャンプでも安心できるベストセラー。別モデルと連結できたり、豊富なオプションパーツが揃うなど、使いながら要素をプラスできることも人気の理由。S、Lモデルもあり

▶

ロゴス／neos PANEL スクリーンドゥーブル XL

¥59,000

サイズ：約270×270×170㎝（インナー）
約520×300×205㎝（フライ）
収納サイズ：約63×23×54㎝
適正使用人数：～5人
重量：約16.9kg
問：ロゴスコーポレーション

家族で行くなら、これがあれば間違いなし。同社を代表する2ルームテントの大定番。あらかじめ屋根付きのリビングスペースがあるため、タープなしでも快適に過ごせる。初心者でも設営と撤収が簡単なこともうれしい

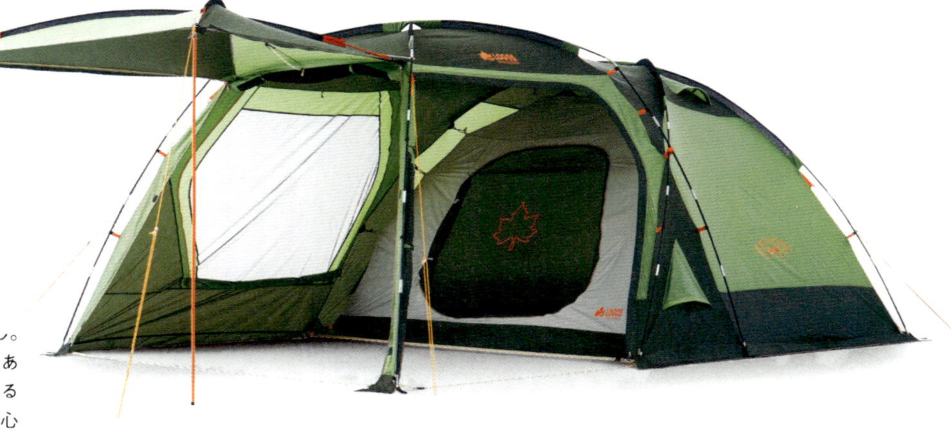

コールマン／
クラシックテント／300

¥95,000

サイズ：300×240×200 cm
収納サイズ：φ27×98 cm
適正使用人数：4〜5人
重量：約15kg
問：コールマンジャパン

70年代に人気を誇ったテントをベースに開発
された個性派。形はクラシックだが、最新の
素材を用いた機能性はかなりのもの。フレー
ム構造はシンプルなので設営も簡単だ。写真
のターコイズの他、ストロベリーカラーもあり

ogawa／トレス

¥78,000

サイズ：457×390×250 cm
収納サイズ：75×35×30 cm
適正使用人数：3〜4人
重量：約9.1kg
問：キャンパルジャパン

1本ポールで簡単に設営できるモノポール型
テントの特徴に、3本のフレームをアーチ状
に組むことで広い室内空間を併せ持つ。イン
ナールームは別売りで、ハーフサイズとフル
サイズから選択することができる

キャプテンスタッグ／
CSクラシックス ワンポールテント
ヘキサゴン 300UV

¥30,000

サイズ　約300×250×180 cm
収納サイズ：約68×17×17 cm
適正使用人数：3〜4人
重量：約3.2kg
問：キャプテンスタッグ

楽々設営ができる六角形の軽量ティピ型ワン
ポールテント。インナーはフルメッシュなの
で暑い時期にも快適。開閉可能なベンチレー
ションを装備したフライシートは、単体でシ
ェルターとしても使うことができる

ノルディスク／アスガルド7.1

¥89,000

サイズ：300×265×200 cm
収納サイズ：φ30×80 cm
適正使用人数：3人
重量：約17kg
問：ブルースカイング

ポリコットンを採用した生地の風合いと、個
性的なシルエットが特徴。高さ調整可能なワ
ンポール型で、設営は簡単かつ強度も十分。
なによりコットンのナチュラルな雰囲気は、
自然との距離をさらに縮めてくれるだろう

◀ コールマン／
タフスクリーン2ルームハウス

¥54,800

インナーサイズ：約320×230×170cm
収納サイズ：約φ30×74cm
適正使用人数：4〜5人
重量：約16kg
問：コールマンジャパン

広々としたリビングスペースと丈夫さを兼ね
備えた2ルームテント。大型だが一人でも設
営可能なアシスト機能を備える。ひさしを出
せばリビングをさらに拡張でき、1LDKのよ
うなイメージで使うことが可能だ

▲ ロゴス／
**LOGOS ナバホ
Tepee 300**

¥18,800

サイズ：約300×250×180cm
収納サイズ：約52×18×18cm
適正使用人数：〜3人
重量：約4.0kg
問：ロゴスコーポレーション

フェス会場で圧倒的な人気を誇
るティピ型テント。たくさんの
テントがある中でも見つけられ
る個性的なナバホ柄だけでなく、
1ポールのシンプル構造ならで
はの立てやすさ、軽量性が人気
の秘密だ。2サイズあり

▲ キャプテンスタッグ／
キャンプアウト ドームテントUV

オープン価格

サイズ：約210×260×130cm（フライ）
約210×130×125cm（インナー）
収納サイズ：約40×16×16cm
適正使用人数：2人
重量：約2.8kg
問：キャプテンスタッグ

個性的かつ自然に馴染むカモフ
ラ柄を採用した2人用テント。
フロント部分だけでなく、イン
ナー天井部にもメッシュパネル
を配し、高温多湿な日本のアウ
トドア環境に対応。見た目も機
能も高スペックなひと張り

▲ ogawa／ホズ

¥60,000

サイズ：245×255×120cm
収納サイズ：52×20×16cm
適正使用人数：2人
重量：約3.1kg
問：キャンパルジャパン

持ち運びやすい軽さに、使いやすさと広さも
兼ね備えた2人用の欲張りなテント。独自の
フレーム構造により、大人2人での使用でも
広々と使える。キャンプだけでなく、フェス
でも登山でも、使用環境を選ばない

▲ ニーモ／ダークティンバー 4P

¥58,000

サイズ：376×508×234cm
収納サイズ：約φ25×81cm
適正使用人数：4人
重量：約6.7kg
問：イワタニ・プリムス

タープにインナーを吊り下げる構造により、驚くほどの広さと軽量化を実現。前後の大型ドアとウインドウにより、優れた通気性も確保する。インナーを取り外せばタープとしても利用でき、ひと張りで二役を兼ねる

▶ モンベル／ステラリッジテント3型

¥46,500

サイズ：210×180×110cm（インナー）、280×180×110cm（フライ）
収納サイズ：約φ16×33cm（本体）
適正使用人数：3人
重量：約1.78kg
問：モンベル

長年に渡り、多くの登山家から支持を集めている山岳テント。その理由は設営の容易さと驚くほどの軽量性、過酷な環境にも耐えうる高い剛性によるもの。もちろん、キャンプでも大いに活躍してくれる。豊富なオプションも魅力

▶ モンベル／ムーンライトテント5型

¥47,800

サイズ：210×210×147cm（インナー）、400×210×147cm（フライ）
収納サイズ：約64×21×21cm
適正使用人数：4～5人
重量：約4.9kg
問：モンベル

老舗ブランド「モンベル」が誇る定番モデル。雨の多い日本の気候に対応する、高い防水性と通気性を備えている。また、その名のとおり、月明かりの中でも素早く設営できるため、初心者でも安心して使えるテントだ

▶ ユニフレーム／REVOルーム4 Plus

¥41,482

サイズ：約390×200×195cm（インナー）
約430×230×240cm（フライ）
収納サイズ：約64×22×22cm
適正使用人数：4人
重量：約5.0kg　＊ポールと張縄は別売り
問：ユニフレーム

1本ポールをテント外に立てる構造を採用し、立てやすさと広い居室空間を兼ね備えたモデル。フライシートを張ったままインナーが外せるので、雨の日もインナーを濡らさずに撤収ができる。同社タープと連結も可能

これを知っていれば脱ビギナー!

ドームテントの立て方

キャンプでまず誰もがぶつかる壁が、テント設営の難しさ。
ポイントさえ押さえればスムースに立てられるので、ここで予習しておきましょう。

Text by Kei Ikeda　Photo by Hiroyuki Usami

1

平らな場所を選ぶ

平らな設営場所の確保は何より大事。わずかな傾斜でも、寝心地が悪くなってしまうぞ

2

テントのインナーを広げる

続いて、十分な広さが確保できる場所でテントのインナー（内張り）を広げる

3

フレームを組み立てる

フレームを組み立てる際、ジョイントは端からではなく、真ん中から組むと傷みづらい

4

スリーブにフレームを通す

インナーの袋状になっているスリーブに、組み上げたポールを通す。協力してやると早い

5

インナーテントを立ち上げる

角と角にそれぞれ分かれて、一本ずつポールを起こし、インナーテントを立ち上げる

6

クリップをはめる

ポールをクリップや穴に入れて固定する。ここのパーツ形状はモデルによってさまざま

7

フックをかける

インナーテントのフックをポールにかける。これをかけ終わるとテントの形が現れる

8

Point

テントの向きを決める

入口の向きを決める。風や雨が吹き込まないよう、基本は風下に入口を向けるのがミソ

フライシートの
フックもかける
フライシートのフックもフレームにかける。これで万が一、風が強く吹いても安心

ファスナーを
閉める
立ち上がったらファスナーをすべて閉める。開けたまにすると虫や蚊が入ってしまう

フライシートを
固定する
張り綱を使ってフライシートにテンションをかけると、テントが美しく仕上がる

4隅を固定する
向きを決めたら四隅をペグで固定する。対角線の順で打つとテンションをかけやすい

Point

斜めに打つと
抜けにくい
ペグはテントに対して垂直より少し斜め外側に倒して打ち込むことで、抜けづらくなる

Point

ペグのタイプを
知っておこう
太いペグは風があっても抜けづらく頼りになる。細いペグは刺さりづらい地面にも有効だ

風の通り道を
作る
入口を巻き上げて固定したり窓を開けることで、空気の通り道ができ、内部が涼しくなる

フライシートを
かぶせる
フライシート（外張り）なしでも使えるが、ないと雨や風の影響をモロに受けてしまう

Finish

完成！
しっかり張ると、見た目が美しいだけでなく、テントの機能を最大限に発揮できるのだ

フライシートを
連結する
フライシートを地面に固定してあるインナーと固定する。四隅すべてお忘れなく

Tarp & Shelter

[　タープ＆シェルター　]

**タープは、強い陽射しを防いだり、雨よけの役目を果たすもの。
日帰りのキャンプやBBQでも、ぜひ使ってほしいギアだ。
形や大きさごとに特徴はそれぞれなので、使い方に合わせて選びたい。**

Text by Kei Ikeda

Point_1

大きさは使用目的に合わせる

タープの下はリビングスペースとして活用することが多い。手持ちのテーブルやチェアのサイズ、使用目的に合わせて選ぶといい

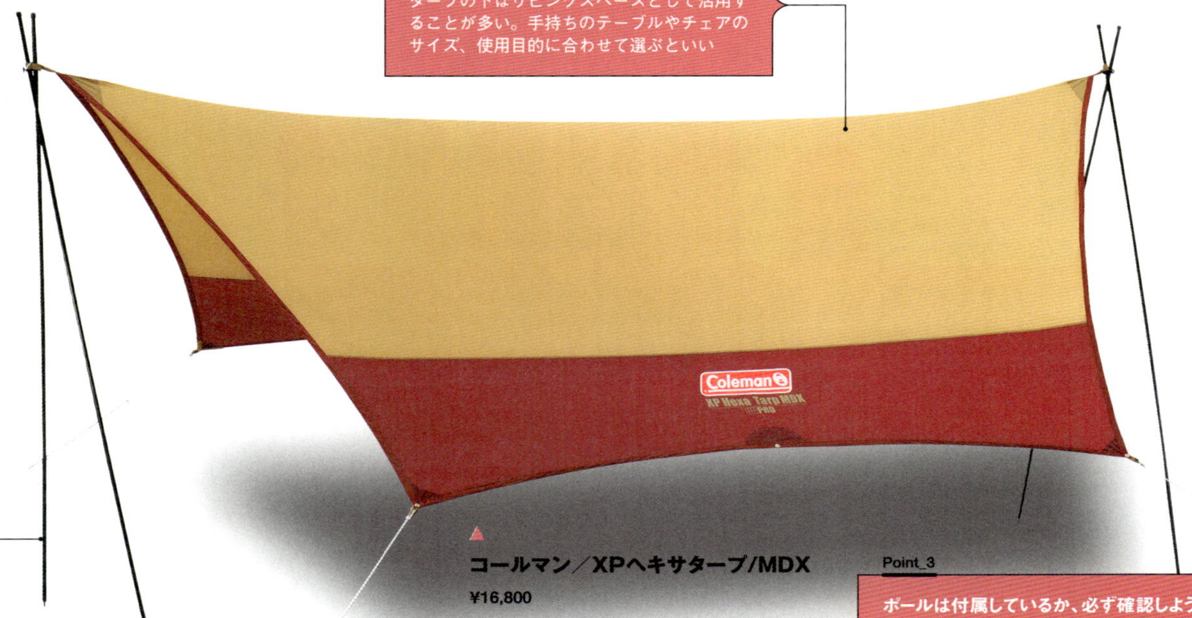

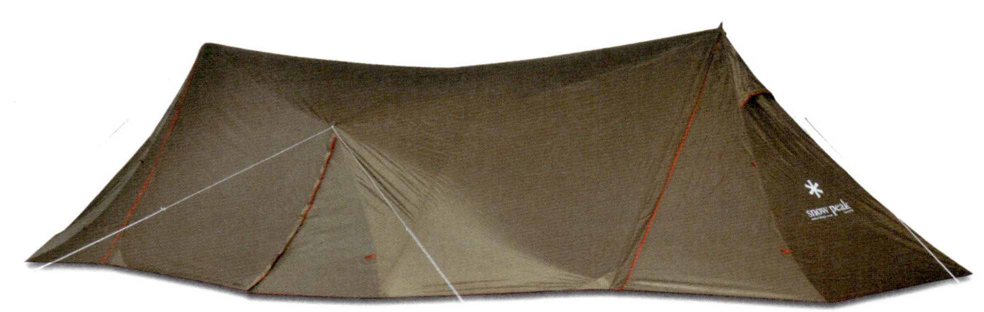

▲

コールマン／XPヘキサタープ/MDX

¥16,800

サイズ：約460×435cm
収納サイズ：約φ18×74cm
重量：約7.6kg
ポール2本（約230cm）、
サブポール2本（約180cm）付属
問：コールマンジャパン

Point_3

ポールは付属しているか、必ず確認しよう

ポールが付属するモデルと別売りのものがある。タープだけ購入して、現場でポールがなくて立てられないなんて悲しすぎるでしょ？

Point_2

ポールで立てるか、自立式か

ポールで立てるものをタープ、フレーム構造により自立するものをシェルターと呼ぶ。シェルターの利点は手軽な設営。タープは広々

付属のクロスポールが、簡単な設営と高さ調整を可能にした優れもの。形はベーシックなうえ、サイドポールも標準装備されているので、シチュエーションに合わせて張り方を工夫する楽しみが味わえる。初めてのひと張りにもオススメ

▲

スノーピーク／ランドステーションL

¥85,500

サイズ：885×510cm
収納サイズ：76×28×33cm
重量：約8.2kg
ポール別売（210cm）
問：スノーピーク

多彩な設営バリエーションを誇るマルチタープ。ポールの組み合わせとファスナーで仕切られたパネルの使い方次第でアレンジが楽しめる。初級者から上級者まで長く付き合える。張り方のバリエーションはHPをチェック

**ロゴス／ストライプ
Qセットタープ 270**

¥21,500

サイズ：約270×270×230/215/151cm
収納サイズ：約20×20×116cm
重量：約11kg
自立式
問：ロゴスコーポレーション

フレームを広げて伸ばすだけの簡単設営で、さっと日陰が欲しい時に重宝する。別売りのサイドウォールを使えば、横からの雨風をしのげる壁を設けることも可能。タープを立てる自信のない方、暑い時期のBBQにもオススメ

**キャプテンスタッグ／
キャンプアウト
ポップアップテントデュオUV**

オープン価格

サイズ：約145×160×110cm
収納サイズ：約φ45×6cm
重量：約1.2kg
自立式
問：キャプテンスタッグ

収納袋から出して開くだけでパッと広がり、設営は完了！　重量もわずか1.2kgと手軽に持ち歩ける。シルバーコーティングにより紫外線を95%カット。公園や海など陽射しの強い場所でも、子どもの休憩場所としても便利だ

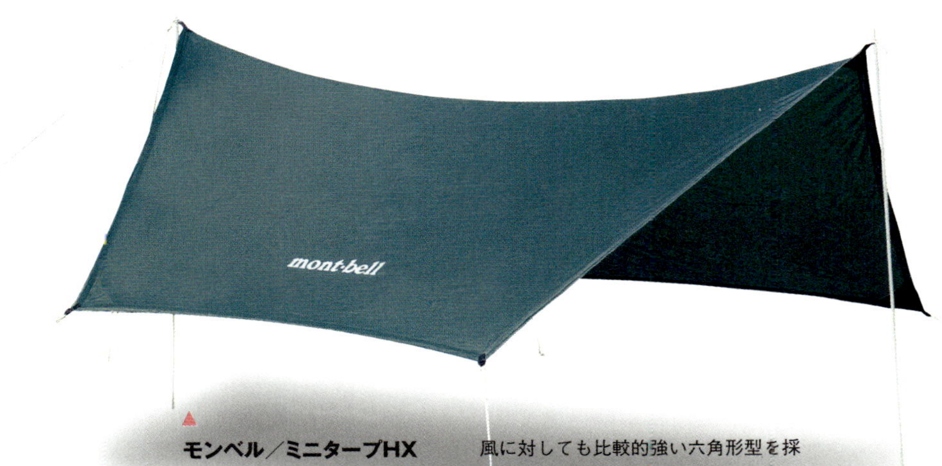

モンベル／ミニタープHX

¥7,700

サイズ：約338×280cm
収納サイズ：約φ12.5×23cm
重量：640g
ポール別売（165cm推奨）
問：モンベル

風に対しても比較的強い六角形型を採用した小型タープ。一人でのキャンプや、自転車やバイクツーリングなど、荷物を小さくまとめたいシーンに最適。難燃加工が施されているため、万が一の場合も安心して使える

ロゴス／
Black UV パラシェード（180×125㎝）-AG

¥6,200

サイズ：約180×125×110㎝
収納サイズ：約57×10×10㎝
重量：約1.2kg
自立式
問：ロゴスコーポレーション

出入り口の開口部が大きく、心地よい風が通り抜けるサンシェード。テントにも採用される魚座型のフレーム構造を用いたことで、優れた耐風性を実現している。独自のカラーリングは紫外線を強力にブロックしてくれる

テンマクデザイン／焚き火タープTC wing

¥24,800

サイズ：560×580㎝
収納サイズ：約φ19×80㎝
重量：約3.9kg（収納ケースなど含む）
ポール別売（240㎝推奨）
問：カンセキ

全長580㎝、幅560㎝の大型タープ。ポリエステルとコットンを混紡した耐久性に優れる素材を採用。オプションの専用難燃シートを組み合わせることで、雨の日でもタープの下で焚き火をゆっくり楽しむことができる優れもの

キャプテンスタッグ／
CSクラシックス ヘキサゴンタープUV

¥20,000

サイズ：約400×420×220㎝
収納サイズ：約64×13×13㎝
重量：約3.4kg
ポール2本付属（約220㎝）
問：キャプテンスタッグ

4〜6人用のリビングスペースを確保できる六角形型の大型タープ。暑い時期でも涼しげなカラーリングは、しっかりと紫外線をカットしてくれる。別売りのポールを追加すれば、さまざまな張り方のアレンジが可能

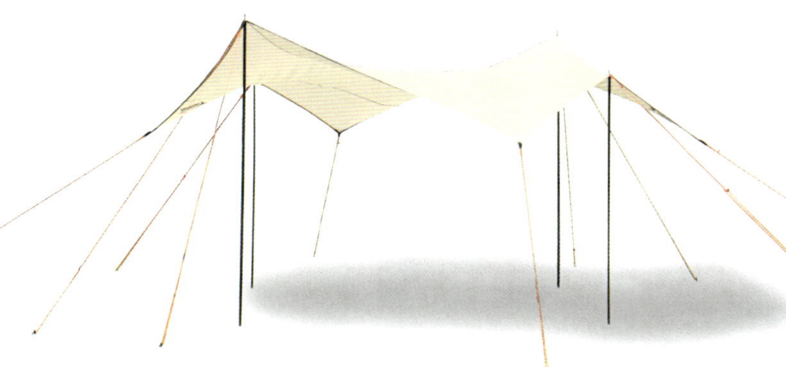

モンベル／アストロドーム

¥79,000

サイズ：425×360×200㎝
収納サイズ：約70×31×27㎝
重量：9.8kg
自立式
問：モンベル

広々としたリビングスペースを作り出すドーム型の自立式タープ。スリーブとフックを組み合わせた独自の吊り下げ式を採用し、タープに不慣れな方でも簡単に設営と撤収ができる。使い方次第では、テントのような使い方も可能だ

ニーモ／シャドウキャスター165

¥38,000

サイズ：528×409㎝
収納サイズ：約φ20×74㎝
重量：約2.5kg（ポール除く）
ポール2本付属（203〜251㎝）
問：イワタニ・プリムス

一人でも簡単に設営できる独自の構造と、飽きのこない美しいデザインを誇る大型タープ。サイズに対しての重量はかなり軽く、初級者にも上級者にもオススメしたい。長さ調整が可能な付属ポールも使いやすく秀逸！

ユニフレーム／REVOタープL

¥22,130

サイズ：約520×240㎝
収納サイズ：約69×18×18㎝
重量：約6.1kg
ポール4本付属（240㎝×2、180㎝×2）
問：ユニフレーム

左右非対称の特徴的なデザインを採用したことで、シワになりにくく、誰でも美しく設営することができる。日中は適度な遮光性を保ち、夜はランタンの灯りを反射するカラーリングも心地いい。他に2サイズあり

コールマン／タフスクリーンタープ/400

¥44,800

サイズ：約400×360×210㎝
収納サイズ：約φ26×74㎝
重量：約12.5kg
自立式
問：コールマンジャパン

同社のテントと同様、一人で簡単に立てられる構造が初級者にも人気のモデル。もちろん単体でも便利だが、テントと連結して使うことでより多彩な使い方が可能になる。全面メッシュパネル付きで、暑さ対策も万全だ

ニーモ／バグアウト12×12

¥30,000

サイズ：370×370㎝
収納サイズ：約φ23×46㎝
重量：約2.8kg（本体のみ）
ポール別売（2m前後推奨）
問：イワタニ・プリムス

夏のキャンプでは虫対策が必要不可欠。こちらの軽量大型タープを使えば、虫が苦手な方も安心してキャンプを楽しめる。混雑したサイトでは、黒いメッシュが適度に視界を遮り、混雑時にはプライバシーを保つ役割も果たす

これを知っていれば脱ビギナー！

タープの立て方

タープは経験者でもなかなか使いこなせていない人が多い。
テント同様、コツさえつかめば立てるのは簡単なうえ、
さまざまな使い方ができてとても便利なギアなのだ。

Text by Kei Ikeda　Photo by Hiroyuki Usami

十分な広さの場所で広げる

十分広さに余裕が確保できる場所を選んでタープを広げる

ポール、タープ、ロープの順で通す

ポール、タープ、ロープの順で横辺の真ん中にある穴に通す

風が強い日は二重に巻いておく

風が強い日は煽られてタープが外れやすい。
そのような時は二重に巻くと外れづらい

ロープはポールに対して45度

ポール寝かせ、タープに対して45度の角度に張り綱を置く

真ん中の張り綱2カ所×2を固定

延ばした張り綱を少し弛ませつつ、2カ所×左右を固定する

ペグは頭まで打ち込む

ペグは頭までしっかり打ち込む。出ていると
引っかかってケガの原因になってしまう

張り方次第で使い方は多種多様

風を防ぐ、陽射しを防ぐ、目隠しになるなど、張り方一つで多彩な役割をこなしてくれる

10

完成！
すべての張り綱のテンションをバランスよく調整したら、設営完了！

Finish

抜く時もハンマーを活用しよう
引っ掛けて抜きやすい構造のハンマーは撤収時も活躍する

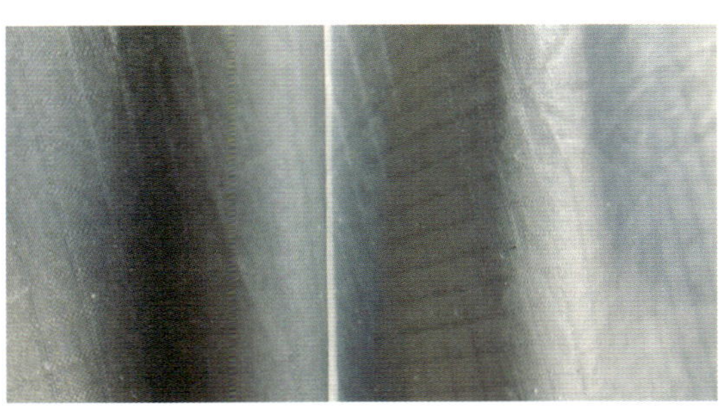

タープの特徴は素材が左右する
薄くて軽くコンパクト、重たいが火の粉に強いなど、素材でタープを選ぶのもおもしろい

Point

7

抜けやすいなら2本使いもあり
地面が柔らかい時や、風が強い日はペグが抜けやすいので、2本使って強度を高めよう

Point

8

垂直に立て、その後少し内側に
タープを立ち上げたらポールを少し内側へ入れると安定する

9

四隅を固定し、張り具合を調整
中心から対角線の延長上の角度を目安に、四隅の張り綱を延ばして固定する

Sleeping Bag

[寝袋]

寝袋にくるまって寝る時間は、キャンプの醍醐味のひとつ。
中綿の素材や封入量によって、使用できる季節や特長が異なる。
最高の睡眠のために、最高の1枚を見つけよう。

Text by Kei Ikeda　Photo by Junji Kumano

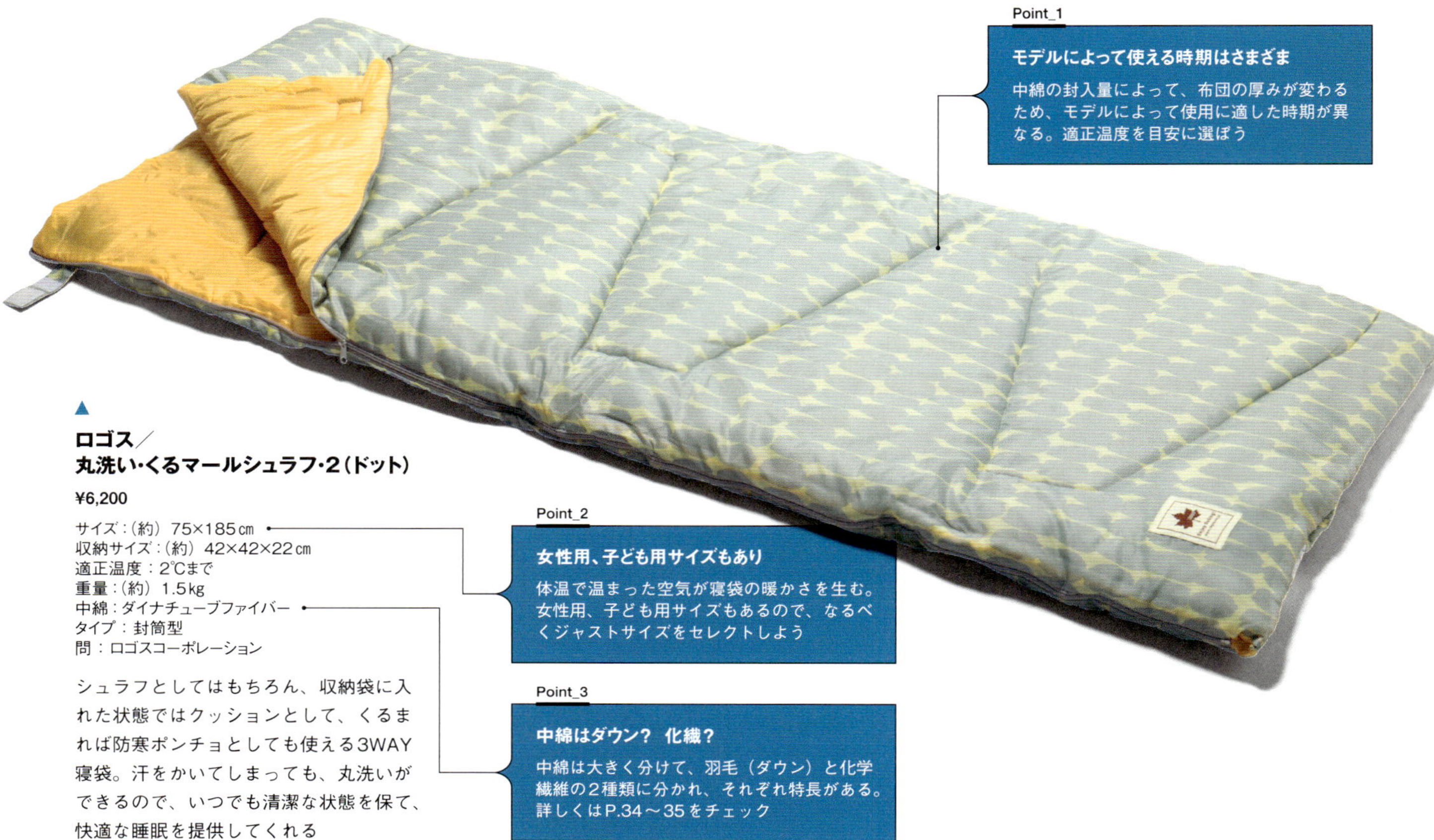

Point_1

モデルによって使える時期はさまざま

中綿の封入量によって、布団の厚みが変わる
ため、モデルによって使用に適した時期が異
なる。適正温度を目安に選ぼう

▲

**ロゴス／
丸洗い・くるマールシュラフ・2（ドット）**

¥6,200

サイズ：（約）75×185cm
収納サイズ：（約）42×42×22cm
適正温度：2℃まで
重量：（約）1.5kg
中綿：ダイナチューブファイバー
タイプ：封筒型
問：ロゴスコーポレーション

シュラフとしてはもちろん、収納袋に入
れた状態ではクッションとして、くるま
れば防寒ポンチョとしても使える3WAY
寝袋。汗をかいてしまっても、丸洗いが
できるので、いつでも清潔な状態を保て、
快適な睡眠を提供してくれる

Point_2

女性用、子ども用サイズもあり

体温で温まった空気が寝袋の暖かさを生む。
女性用、子ども用サイズもあるので、なるべ
くジャストサイズをセレクトしよう

Point_3

中綿はダウン？　化繊？

中綿は大きく分けて、羽毛（ダウン）と化学
繊維の2種類に分かれ、それぞれ特長がある。
詳しくはP.34～35をチェック

▶

**スノーピーク／
セパレート オフトンワイド700**

¥19,800

サイズ：105×210cm（敷）、
110×200cm（掛）
収納サイズ：φ20×48cm
適正温度：2℃～
重量：2.14kg
中綿：ウォッシャブルダウン
タイプ：封筒型
問：スノーピーク

「日本の布団のような寝袋」をコンセプ
トに開発された、両サイドのファスナー
を開閉して掛け布団と敷布団に分離でき
る寝袋。足元と胸元だけを開けることも
でき、暑い時には涼しく、寒い時には暖
かく使うことができる。丸洗いもOK

ドイター／エクソスフィア+2

¥18,000

サイズ：205×68〜85㎝
収納サイズ：16×〜39㎝
適正温度：2℃〜（女性は8℃〜）
重量：1.1㎏
中綿：ドイターサーモプロロフト
タイプ：マミー型
問：イワタニ・プリムス

最大で25％もストレッチする性能を備え、快適な寝心地を提供するハイスペックモデル。中綿は高い保温性とロフト性を誇る独自開発の繊維を採用し、収納サイズも非常にコンパクト。キャンプから登山まで幅広く使うことができる

コールマン／パフォーマーⅡ C10

¥3,580

サイズ：約80×190㎝
収納サイズ：約φ20×40㎝
適正温度：10℃〜
重量：約1.1㎏
中綿：ポリエステル
タイプ：封筒型
問：コールマンジャパン

封筒型のゆったりとした寝心地を味わえ、価格帯もお手頃なエントリーモデル。中綿はポリエステル。洗濯機で丸洗いできるため、手入れが楽なこともキャンプ入門者向き。カラーは適正温度によって異なり、3種類を展開している

モンベル／アルパイン バロウバッグ #3

¥12,500

収納サイズ：φ17×34㎝
適正温度：2℃〜
重量：980g
中綿：エクセロフト
タイプ：マミー型
適応身長：〜183㎝
問：モンベル

3種類の繊維をブレンドした中綿を採用し、卓越した保温性と優れた耐久性を実現。生地の繊維方向を斜めに配置することで、体の動きに追従してナチュラルに伸縮してくれる。通年活躍してくれるバランスに優れた一枚だ

ホールアース／マミー10シュラフ

¥4,800

サイズ：約190×85㎝
収納サイズ：88×88×88㎝
最適使用温度：10℃〜
重量：1.5㎏
中綿：ポリエステル
タイプ：マミー型×封筒型
問：フラッグ

足元はゆったりとした封筒型、顔周りは暖かいマミー型と、それぞれの長所を融合させたハイブリットモデル。中綿はポリエステルなので、手入れも手軽。フード部分に巻き込むだけで、小さく収納することができるのも便利

サーマレスト／
ステラーブランケット

¥11,000

サイズ：190×145 cm
収納サイズ：37×13 cm
適正温度：88℃〜
重量：802g

中綿：ポリエステル
タイプ：ブランケット
問：モチヅキ

暑いシーズンはブランケットとして、寒いシーズンは中に
マットを入れて丸めてシュラフのようにも使える軽量ブラ
ンケット。丸洗いもできるので、メンテナンスも楽々。カ
ラーはパイングリーンとスモークドパールの2色展開

コールマン／
スクールキッズ/C10

¥3,280

サイズ：約180×65 cm
収納サイズ：約φ17×34 cm
適正温度：10℃〜
重量：約700g
中綿：ポリエステル
タイプ：封筒型
問：コールマンジャパン

小学生サイズに設計された子ども用モデ
ル。子ども用といえど、暑い時は足元を
開けたり、フードとして使えるヘッドレ
ストが付いていたりと造りは機能的。収
納は巻くだけでOK。お子さんにもぜひ
自分用の寝袋を持たせてみよう

キャプテンスタッグ／
洗える人型シュラフ180

¥20,000

サイズ：約65×180 cm
収納サイズ：約φ25×41 cm
適正温度：約10℃〜
重量：1.1 kg
中綿：ポリエステル
タイプ：人型
問：キャプテンスタッグ

体温で温まった空気を有効に
使える、着るタイプの人型シ
ュラフ。着用したままテント
内を動き回れるうえに、ファ
スナーを開ければ手足だけを
出せるので、寝袋を着たまま
でも作業ができる。お手入れ
は洗濯機で丸洗いOK

スナグパック／ノーチラス

¥5,500

サイズ：220×150 cm
収納サイズ：φ20×40 cm
適正温度：3℃〜下限−2℃
重量：1.4 kg
中綿：Isoファイバー
タイプ：マミー型×封筒型
問：ビッグウイング

ジッパーを開くことで、掛け
布団のように使うこともでき
る優れもの。春夏秋の3シー
ズンのキャンプなら、この1
枚さえあれば問題なし。世界
50カ国以上の軍隊で愛用さ
れていることからも、その品
質の高さは折り紙付きだ

ロゴス／
ウルトラコンパクトアリーバ-2

¥13,500

サイズ：約80×210㎝	中綿：ダイナファインファイバー
収納サイズ：約17×37㎝	タイプ：マミー型
適正温度：−2℃まで	問：ロゴスコーポレーション
重量：約1.25kg	

秋冬のキャンプのような、マイナス温度帯でも使えるハイスペックモデル。肌面に極薄の柔らかく強度の高い生地を、中綿に保温性に優れた極細繊維を採用したことで、コンパクトな収納性も実現した。洗濯機での丸洗いにも対応する

モンベル／ファミリーバッグ #3

¥5,300

サイズ：190×75㎝	中綿：ホローファイバー
収納サイズ：42×24×24㎝	タイプ：封筒型
適正温度：7℃〜	問：モンベル
重量：˜,330g	

速乾性に優れ、濡れてもすぐに保温力を回復する中綿「ホローファイバー」採用モデル。季節や用途を選ばず、幅広いシチュエーションで使えるオールラウンダーだ。適応温度帯の異なる3種類展開。ダウンタイプもあり

ニーモ／
ビクトリーブランケット2P

¥5,200

サイズ：218×127㎝	問：イワタニ・プリムス
収納サイズ：φ18×34㎝	
重量：800g	
タイプ：ブランケット	

ストラップとキャリーハンドルが一体化しており、丸めるだけでどこにでも気軽に持ち運べる。同社のテントのフロアに合わせたサイズ設定のため、テント内に敷いても外でも活躍する。229×229㎝サイズ（1.5kg）もあり

コールマン／
ファミリー 2in1 C10

¥8,480

サイズ：約168×190㎝、約84×190㎝（分割時）
収納サイズ：約φ30×42㎝
適正温度：10℃〜
重量：約3kg
中綿：ポリエステル
タイプ：封筒型
問：コールマンジャパン

家族みんなでひとつの寝袋に寝られるファミリー対応タイプ。中面は起毛仕上げになっており、肌触りが気持ちいい。使用シチュエーションに合わせて、ファスナーを開閉するだけで2つの寝袋に分けて使うこともできるアイデア商品だ

Sleeping Mat

[スリーピングマット]

屋外で安眠を得るためには、寝袋よりもマットの質が重要。
厚みや大きさ、重さの要素のバランスを見極めて、
自分の目的にあったモデルをセレクトしたい。

Text by Kei Ikeda　Photo by Junji Kumano

▲
**ロゴス／
どこでもオートベッド100**

¥8,300

サイズ：約184×98×20㎝
収納サイズ：約38×22×18㎝
重量：約2.9kg
エアベッド。付属ポンプを使用
問：ロゴスコーポレーション

どこでも場所を選ばず、自宅のベッドと同じような快眠を
実現してくれる極厚タイプのエアベッド。電源コード不要
の電動ポンプが内蔵されており、空気の注入はボタンを押
すだけでOK。130㎝幅の、よりワイドなタイプもあり

Point_1

厚みと幅をチェック

厚みは寝心地にも関わるが、寒い時期は特に
地面からの冷えを防ぐためにも厚みが必要。
幅はミニマム50㎝あれば問題なく寝られる

Point_2

持ち歩くなら重量も大切

荷物を背負ってキャンプに行くならば、重さ
や収納サイズを優先して選ぶのも重要。1人
用サイズなら500gを切る軽量モデルも

Point_3

空気注入方法も確認しよう

大きなサイズの寝心地はいいが、当然膨らま
せるまでには時間がかかる。どのような方法
で膨らませるかも、購入前に要確認な項目だ

▶
**モンベル／
ULコンフォートシステムエアパッド180**

¥11,500

サイズ：180×50×7㎝
収納サイズ：φ11×20㎝
重量：504kg
エア注入型
別売りのスタッフバッグを使用
問：モンベル

不要な部分を削ぎ落とすことで、超軽量
かつコンパクトな収納を実現。携行にと
ても便利。コールドスポットを減らす独
自のボックス構造によって、小さくても
抜群の保温性を実現する。フラットな寝
心地は、寝返りを打っても快適

クオルツ／
SCインフレーティングマット/ダブル

¥13,500

サイズ：198×130×5cm
収納サイズ：φ24×66cm
重量：約4.2kg
フォーム材＋半自動膨張型
問：カンセキ

バルブを開けるだけで空気が入り始める、半自動膨張式のダブルサイズエアマット。表面にストレッチジャージ生地を採用し、肌触りは最高。テントとサイズを合わせて、敷きっぱなしにしておくのにも便利なサイズ。半分のシングルサイズもあり

サーマレスト／
Zライト ソル レギュラー

¥7,200

サイズ：183×51cm
収納サイズ：51×13×14cm
重量：410g
クローズドセル型
問：モチヅキ

膨らませる必要のないため、パンクなど故障の心配がないクローズドセルタイプのマットレスの大定番。表面にアルミ蒸着を施すことにより断熱性を向上させている。どこでも場所を選ばず、いつでもすぐに使えることもポイント

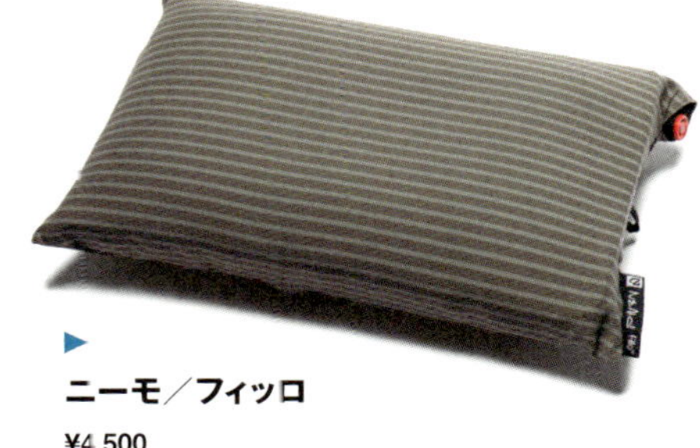

ビッグアグネス／
エアコアウルトラ

¥9,800

サイズ：183×51×9〜8.5cm
収納サイズ：φ10×18cm
重量：565g
エア注入型
問：ケンコー社

軽さと寝心地の良さを併せ持つ定番モデル。逆止弁が付属した大型のバルブは、吹き込む空気のロスを最低限に抑えてくれるうえ、収納時は瞬時に空気を抜くことができる。122cmのショート、168cmのプチを含む3サイズ展開

ニーモ／フィッロ

¥4,500

サイズ：27×43×10cm
収納サイズ：φ10×15cm
重量：260g
フォーム材＋エア注入型
問：イワタニ・プリムス

テント泊での安眠のためには枕が重要なギア。洗濯機で洗える柔らかな肌触りのカバーが、エアチャンバーとフォームを組み合わせた本体を包み込むこの枕があれば、最上級の寝心地を保証。思わず、自宅の枕もこれに変えたくなるほどだ

ニーモ／オーラ 20R

¥10,000

サイズ：183×51×2.5cm
収納サイズ：φ13×18cm
重量：490g
フォーム材＋エア注入型
問：イワタニ・プリムス

独自構造のフォーム材を封入することで、保温性を保ちながら極限まで軽量化を追求したモデル。裏面にはパッドが滑らないシリコンのノンスリップコーティングを採用するなど、細かなディテールにもこだわりが光る。全4サイズ展開

エクスギア／
インフレーティングマット

¥10,000

サイズ：198×63×5㎝
収納サイズ：φ20×65㎝
重量：2.2kg
フォーム材＋半自動膨張型
問：キャプテンスタッグ

5㎝厚の快適な寝心地を約束するウレタンフォームを採用。開けるだけで空気が入るバルブは、収納時には開けっ放しにして丸めるだけで空気が抜けて操作も楽々。裏面にはノンスリップ加工が施されているハイスペックな一枚だ

クオルツ／
ライトインフレーティングマット

¥4,600

サイズ：約182×51×2.5㎝
収納サイズ：φ14.5×26㎝
重量：630g
フォーム材＋半自動膨張型
問：カンセキ

ウレタンフォームを菱形抜き加工することで、軽量かつコンパクトに収納できる1枚に仕上げたインフレータブルマット。バルブを開くと空気が入る半自動膨張式なので、簡単に膨らませられる。コストパフォーマンスの高さも見逃せない

デュラビーム／
ハイエアーベッド シングル

オープン価格

サイズ：191×99×25㎝
収納サイズ：31.4×10.5×27.9㎝
重量：約2.35kg
エアベッド。別売りポンプを使用
問：キャプテンスタッグ

アウトドアでも自宅で眠っているかのような、快適な睡眠を得ることができる。デュラビーム構造を採用し、快適さと耐久性に優れている。車中泊や自宅の来客用にも便利だろう。ダブル、ワイドダブルの3サイズから選ぶことができる

サーマレスト／
ネオエアーキャンパー
レギュラー

¥16,000

サイズ：183×51×7.6㎝
収納サイズ：10×10×15㎝
重量：680g
エア注入型
問：モチヅキ

7.6㎝という厚みが、極上の寝心地を生むマットレス。破れや摩耗に強く、快適性だけでなく、耐久性も併せ持つ。さらに、軽量でコンパクトに収納することが可能。すべての機能バランスに優れたアウトドア用マットの決定版だ

スノーピーク／
キャンピングマット 2.0w

¥20,800

サイズ：198×77×5cm
収納サイズ：φ18×85cm
重量：1.7kg
フォーム材＋エア注入型
問：スノーピーク

寝返りを打っても落ちにくいワイドモデルのキャンプ用マット。付属の収納ケースを利用すれば、楽々膨らませることができる。同社の寝袋やマットカバーなどと互換性があり、組み合わせればさらなる快眠を得ることができる

コールマン／
エクストラデュラブルエアーベッド シングル

¥5,980

サイズ：約185×97×20cm
重量：約2.1kg
エアベッド。別売りの電動ポンプを使用
問：コールマンジャパン

テントでも快適な睡眠を求める人にオススメなエアベッドタイプ。生地の強度が高く、エアベッドの大敵であるパンクに強いダブルレイヤー構造も採用している。波状になった孔面は、蒸し暑い時期もさらりとした寝心地を与えてくれる

モンベル／フォームパッド180

¥4,900

サイズ：181×51×1.6cm
収納サイズ：51×15×11cm
重量：357g
クローズドセル型
問：モンベル

素早く広げて、すぐに使える折りたたみ式。耐久性、断熱性に優れた軽量ポリエチレンフォームを使用している。表面の凹凸構造が、地面からの冷えをしっかりと遮断し、優れたクッション性を生む秘訣

コールマン／
キャンパーインフレーターマット
シングルⅡ

¥6,980

サイズ：約195×63×4cm
収納サイズ：約φ12×68cm
重量：約1.5kg
フォーム材＋エア注入型
問：コールマンジャパン

4cm厚のポリウレタンフォームが抜群のクッション性を生むシングルサイズのマット。収納ケースを利用すれば、簡単に膨らませることができる。連結することも可能なので、家族でつなげたり、テントに敷き詰めたりと使い方は多彩だ

ロゴス／
エアウェーブマット・SOLO

¥4,200

サイズ：75×205cm
収納サイズ：約15×15×35.5cm
重量：約1.7kg
エア注入型
問：ロゴスコーポレーション

少ない空気で快適な寝心地を生み出すオリジナルのウェーブ構造を採用。付属ポンプを使えば、空気注入は約2分とスピーディーに完了する。約205cmと長めに設計されており、上部を折り返して枕としても使える

これを知っていれば脱ビギナー！

寝袋と**マット**の選び方

寝袋とマットは機能を特化することで特長を持たせたモデルが多い。
使うシーンを間違えてしまっては宝の持ち腐れだ。
買い物で失敗する前に、その選び方のポイントを押さえておこう。

Text by Kei Ikeda　Photo by Junji Kumano, Takehisa Goto

寝袋の種類

マミー型

体にフィットする形状が特徴。
頭部はすっぽりとかぶることが
でき、余計なスペースがないので暖かさをしっかりキ
ープする。収納時もコンパクトに収まる。冬キャンプ
のような保温性を重視するシチュエーションや、山登
りなど携行性を重視したい場合はこちらを選ぼう

レクタングラー（封筒）型

キャンプ用の寝袋としてはもっ
ともポピュラーなタイプ。足先
まで広々使える寝心地のよさが特徴で、サイドのジッ
パーを開ければ掛け布団のように使うことができるタ
イプもある。自宅の布団と寝心地が近いので、初めて
の一枚を手に入れるならこのタイプがオススメ

ハイブリッド型

レクタングラー型の寝心地のよ
さと、マミー型の保温性、双方
のいいところを併せ持つタイプ。初めの一枚としてこ
のタイプを使ってみて、何度かキャンプをしてから、
より目的にあった形を選ぶのも手だろう。便利ではあ
るが、採用モデルが限られ、選択肢が少ないのが難点

ブランケット型

名前のとおりの毛布型。掛け布
団のように使ったり、寒い時は
くるまったり、焚き火の時のひざ掛けにしたりと、汎
用性が高い。特徴は表面の素材と加工次第。肌触りの
いい起毛素材や、テント内に敷いて断熱材としても使
えるシート状だったり、モデルによってさまざまだ

中綿の種類で何が変わる？

中綿は、天然の羽毛（ダウン）とその特徴を模
した化学繊維（通称・化繊）とに大別される。
ダウンは少量でも暖かいため、コンパクトに収
まるが、専用の洗剤で洗わねばならずお手入れ
が少々難しい。対して、化繊は洗濯機で丸洗い
でき、値段も手頃なことが特徴。初めの一枚は、
化繊タイプから使い始めるのがオススメだ

マットの種類

エア注入型

空気を注入することで地面との間に層を作り、冷気を遮断するタイプ。軽量性に優れ、驚くほどコンパクトに収納することができる。寝心地を向上させるために、形状や表面の加工など、各社が工夫を凝らしている。エアベッドも、大別するとこのタイプに入る

断熱材/フォーム材＋エア注入型

エアマットの中に、断熱材の役割を果たすフォーム材が封入されたタイプ。収納時のコンパクト性と軽量性はエアマットに劣るが、同じ厚みならば断熱性は格段にこちらの方が高い。万が一、パンクした際も、ある程度の断熱性を保てる利点もある

自動膨張型
レクタングラー（封筒）型

バルブを開けると同時に自動的に空気が入り始めるタイプ。最後にひと吹きすればいいだけなので、膨らませる労力が格段に少なくて済む。空気を抜くためのバルブは、別に専用のものが設けられているモデルもある

クローズドセル型
レクタングラー（封筒）型

収納は多少かさばるが、マットに付いて回るパンクの故障と無縁なことが特徴。地面に敷いて寝転んだり、焚き火を囲む際に座布団代わりに使ったりと、ラフな使い方ができる。必要なサイズにカットして使ってもOKだ

持ち歩くなら収納サイズも気にしよう

寝心地がいくらよくても、コンパクト性に欠けるモデルを持ち歩くのは困難だ。車で乗り付けるオートキャンプスタイルでないならば、寝心地と収納性のバランスがいいモデルをセレクトしよう

厚みが寝心地を左右する

断熱材の性能もあるが、概ね厚みがあるモデル＝断熱性が高い。いくら高機能な寝袋でも、マットが薄いと地面からの冷えを受けて眠れないこともあるほど。寒い時期ほど厚みを気にして選びたい

バルブの形状をチェック

バルブの大きさや形状はモデルによってさまざま。小さなものは空気が抜けにくいのでしっかり膨らませることができ、大きなものは撤収時に空気が抜きやすい。電動ポンプに対応するモデルもある

Chair

[チェア]

キャンプ中の快適さを左右するアウトドアチェアは、
ソファのような座り心地からドリンクホルダー付きの機能派まで種類も多数。
地面との距離が近く、リラックス感のあるロースタイルも人気が高い。

Text by Akemi Kan　Photo by Junji Kumano

Point_2

収納時のサイズを確認

座り心地が良くても、収納時のサイズがオーバースペックなら保管や運搬はストレスに。ラゲッジスペースも考慮したサイズ選びを

Point_1

主な使用目的を明確に

ダイニングで使用する場合はテーブルに合う高さが必須。テント周りでは足を伸ばせるローチェアを選ぶなど、シーンを想定して高さを選択しよう

Point_3

重視するのは、重量？ 快適さ？

座り後心地を優先するか、軽量さを重視するかなどで、選ぶべきモデルは変わってくる。購入する前に店頭で実際に触れてみるのがおすすめだ

モンベル／ベースキャンプチェア

¥6,800

サイズ：約53×53×81㎝
収納サイズ：約18×16×81㎝
重量：約3.22kg
耐荷重：約100kg
問：モンベル

座面と背もたれのパッドがゆったりと快適な座り心地を実現。可動式のカップホルダーや背面のポケットなど、使いやすさを考えたデザインも魅力。収納も簡単で使いやすい。同ブランドのテーブルとフィットする高さ

スノーピーク／ローチェア30

¥16,000

サイズ：約58×65×86㎝
収納サイズ：約16×18×101㎝
重量：約3.6kg
耐荷重：—
問：スノーピーク

腰を包み込むような座り心地は、まるで自宅のソファ並み。抜群にリラックスできつつも、独自の前脚パーツが食事も作業もしやすい安定感を確保。中央収束タイプだから、誰でも簡単に収納できる

ホールアース／ツインチェア

¥7,800

サイズ：約112×52×72㎝
収納サイズ：約112×62.5×12㎝
重量：約6.76kg
耐荷重：約160kg
問：フラッグ

小さな子どもがいる家族や、仲間とでかけるキャンプで活躍するのが、2人並んで座れるタイプ。広々とした空間を確保できるので、子どものお昼寝にも使える。ダイニングの主役になる個性的なデザインも◎

アディロンダック／
スモール
キャンパーズチェア

¥8,000

サイズ：約48×54×67cm
収納サイズ：約14×14×81cm
重量：約2.5kg
耐荷重：約70kg
問：エイアンドエフ

数多くの海外アウトドア
ブランドをいち早く日本
に紹介してきたエイアン
ドエフが、その目利きを
生かして展開するオリジ
ナルブランド。考え抜か
れたフレーム設計はアル
ミで軽く、安定感も十分。
収納力にも優れている

チャムス／
フリップチェアーロー

¥12,000

サイズ：約59×44×60cm
収納サイズ：約65×65×5cm
重量：約1.5kg
耐荷重：約125kg
問：チャムス表参道店

ロースタイル派にぴったりな低めサイ
ズは、ゆったりと腰掛けできる深めシー
ト。アルミフレームにナイロンシー
トを編み込んだ本体は軽く、付属のトー
トバッグに収納できる。レトロなデ
ザインもチャムスならでは

コールマン／
コンパクト
フォールディングチェア

¥5,400

サイズ：約53×54.5×62cm
収納サイズ：約53×9×56cm
重量：約2kg
耐荷重：約80kg
問：コールマンジャパン

ローテーブルにマッチす
る約28cmの低さは、座
り心地も良く、リラック
ス気分を存分に味わえる。
ウッド素材のアームレス
トも雰囲気があり、キャ
ンプサイトに華を添えて
くれる。持ち運びに便利
なハンドル付き

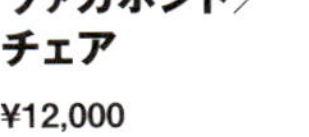

クレイジークリーク／
オリジナルチェア

¥7,000

サイズ：約82×39cm
収納サイズ：約42×24×6cm
重量：約720g
問：エイアンドエフ

厚さ1.25cmのフォームが入ったチェ
アは、キャンプやビーチ、登山など、
どんなフィールドでも活躍する手軽さ
が魅力。サイドを折り曲げてコンパク
トに収納すれば簡単に持ち運びできる。
背面角度はストラップで調整可能

ヴァガボンド／
チェア

¥12,000

サイズ：約75×50×76cm
収納サイズ：約10×13×97cm
重量：約1.7kg
耐荷重：約80kg
問：エイアンドエフ

航空機の機体などに使用
される軽くて堅牢な700
0系アルミ合金を使用し
たこちらは、X型に交差
した脚がしっかりと座面
も支え、快適な座り心地
をキープ。持ち運びに便
利なグリップは、ステッ
キ代わりにも使える

スノーピーク／
FDチェアワイド

¥7,800

サイズ：約59.5×58×84 cm
収納サイズ：約69×58×11 cm
重量：約3.6 kg
問：スノーピーク

スノーピークのこだわり
を凝縮したこのモデルは、
ゆったり座れるワイドサイ
ズ。後ろに傾けた背も
たれは座り心地も良く、
食事もしやすい。アーム
レストはベルクロを外し
て洗うことができるなど、
長く愛用できる仕様

オンウェー／スリムチェア

¥7,800

サイズ：約58×70×93 cm
収納サイズ：約14×16×112 cm
重量：約3.1 kg
耐荷重：約80 kg
問：オンウェー

背もたれやアームの傾斜など、最高の
リラックスを実現すべく、人間工学に
基づいて設計されたデザイン。特許・
意匠も取得したこのモデルは、2004
年にグッドデザイン賞を受賞。長きに
渡り愛されている

サーマレスト／
ウノチェア

¥14,000

サイズ：約53×52 cm
収納サイズ：約30×4 cm
重量：約1.06 kg
耐荷重：約110 kg
問：モチヅキ

上質で機能的なマットレ
スで知られる「サーマレ
スト」が開発したウノチ
ェアは、収納時は足元に
あるディスク型にすっぽ
り収まる設計。ポールの
組み方を変えればテーブ
ルとして使用できるなど、
斬新なアイデアが話題だ

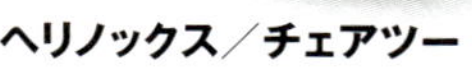

ヘリノックス／チェアツー

¥14,500

サイズ：約55×65×84 cm
収納サイズ：約46×13×12 cm
重量：約1.07 kg
耐荷重：約145 kg
問：モンベル

最高の強度と柔軟性をもつ超軽量アル
ミポールで有名なヘリノックス。別売
りの「ロッキングフット」を取り付け
れば、ロッキングチェアとしても使用
できる。付属のスタッフバッグをヘッ
ドレストに装着すれば、枕に変身

コールマン／
ツーウェイキャプテン
チェア

¥7,480

サイズ：約55×56×67／84 cm
収納サイズ：約20×20×66／
83 cm
重量：約3.5 kg
耐荷重：約100 kg
問：コールマンジャパン

コールマンを代表するモ
デル。安定感のある座り
心地が特長で、初めての
アウトドアチェアにも最
適。ロースタイルと通常
の高さで使い分けできる
2段階調整は、多様化す
るキャンプスタイルにも
対応。使い勝手が抜群！

▲
**ロゴス／
デザインダイニング
チェア**

¥4,700

サイズ：約55×72×91㎝
収納サイズ：約19.5×83㎝
重量：約3.9kg
耐荷重：約100kg
問：ロゴスコーポレーション

肩までサポートするハイバック仕様は、長時間座っても疲れにくいのが特長。背面にはタブレット端末も収まる大型メッシュポケットが付いており、使い勝手もいい。フレーム入りのアームがくつろぎ空間も確保

▲
**コールマン／
コンパクトグランドチェア**

¥3,480

サイズ：約39×52.5×43.5㎝
収納サイズ：約10×14×61㎝
重量：約1.3kg
耐荷重：約80kg
問：コールマンジャパン

地べた座りで快適に過ごせるデザインは、荷物を軽減したいキャンプインフェスや2台目のチェアにも最適。座布団感覚で使用できるので、テント内でも愛用できる。アルミフレームが背中もしっかり支えてくれる

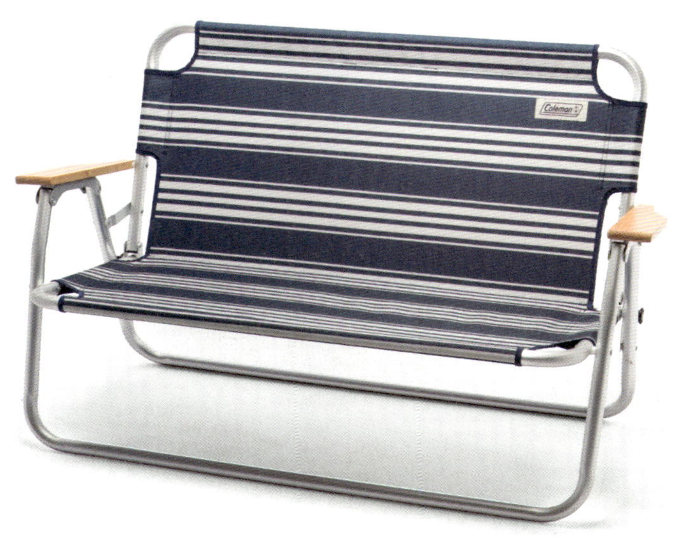

▶
**コールマン／
リラックスフォールディングベンチ**

¥5,980

サイズ：約108×58×67㎝
収納サイズ：約108×10×60㎝
重量：約3.8kg
耐荷重：約160kg
問：コールマンジャパン

フレーム構造の2人掛けベンチは、使用時にも安定感を増すフレームロック付き。ゆったりとした座面サイズや心地よい背もたれが、リラックスさせてくれる。子どもも安心なロースタイルは一台あると重宝。持ち運びに便利なハンドル付き

◀
**クォルツ／
フォールディングソファー**

¥7,800

サイズ：約105×72×72㎝
収納サイズ：約107.5×80×8.5㎝
重量：約7.35kg
耐荷重：約140kg
問：カンセキ

アウトドアショップのWILD-1より誕生したオリジナルブランド「クォルツ」は、信頼できる品質を保ちながらも、手の届きやすい価格設定。2人掛けソファは夏場に最適なナイロンメッシュ素材。中綿入りクッションを装着することもできる

Table

[テーブル]

テーブルはリビングスペースの主役となるギア。
キャンプサイト全体をどのようなテイストにしたいかを
意識してセレクトしていただきたい。

Text by Kei Ikeda　Photo by Junji Kumano

Point_3

天板の材質も使用感を左右する

ナチュラルな風合いの素材でサイトの雰囲気
を重視するか、はたまた熱い鍋などを直接置
ける利便性が高い素材を選ぶかが選択肢

ホールアース／フォールディング ナチュラルウッドテーブル

¥14,000

サイズ：約112.5×56×38㎝
収納サイズ：約49×56×13.5㎝
重量：4.5kg
材質：国産ヒノキ
問：フラッグ

硬い印象の素材使いが多いアウトドア用テーブルの中で異彩を放つ、ナチュラルな風合いのフォールディングテーブル。選定にこだわった国産ヒノキを全体に用い、天板部分にはクギやビスを使っていない熟練の職人による手作り

Point_1

組み立てた時の高さが重要！

通常のチェアに座った時に使いやすい高さと、
より地面に近い高さのローテーブルとに大別
される。チェアと高さを統一して揃えよう

Point_2

収納サイズも要チェック

ロールトップ式（天板を丸めて収納できる）
のものなら細長く収納できるので、収納時の
納まりを重視するならそちらをどうぞ

コールマン／ ナチュラルウッド ロールテーブル／120

¥15,000

サイズ：約125×70×40/70㎝
収納サイズ：約18×20×70㎝
重量：約5.1g
天板の材質：天然木（スギ）
問：コールマンジャパン

ロールトップ式を採用し、コンパクトに収納できる4～6人用サイズ。天板には自然に溶け込むナチュラルな天然木を使っている。脚の長さは2段階に調整可能。通常サイズとローサイズ、どちらでの使用にも対応する

テンマクデザイン／ ワークテーブルLOW

¥9,800

サイズ：54×42×37㎝
収納サイズ：54×42×3.5㎝
重量：約3.81kg
天板の材質：ステンレススチール
問：カンセキ

熱い鍋でも直接置けて、掃除も楽ちんなステンレスの一枚天板を採用した実用向き。天板の奥行きが広く、調理に必要な物を置きながらでも楽に調理ができる。高さの異なる3サイズ展開。別売りの収納袋も秀逸！

クオルツ／
ロールトップテーブル60

¥3,980

サイズ：58.5×58.5×37/65㎝
収納サイズ：64×19×8㎝
重量：約2.4g
天板の材質：アルミニウム
問：カンセキ

外での使用は雨や汚れが付きものだが、汚れ
を気にせず使えるアルミ製の天板を採用。使
用シーンに合わせて高さは2段階に調整でき
る。コストパフォーマンスにも優れたエント
リーモデルだ。幅広のワイドサイズもあり

プリムス／
CFアジャスタブルテーブルS

¥13,500

サイズ：約90×50.5×45〜68㎝
収納サイズ：φ20×90㎝
重量：4.0㎏
天板の材質：アルミ×ウッド（ビーチ材）
問：イワタニ・プリムス

ウッドと真っ黒なアルミの組み合わせがサイ
トをクールな雰囲気に引き締める。高さは
45〜68㎝の間で無段階に調整可能なので、
さまざまなチェアとの組み合わせが楽しめる。
収納サイズも非常にコンパクト

ヘリノックス／テーブルワン

¥12,500

サイズ：60×40×39㎝
収納サイズ：41×11×11㎝
重量　625g
天板の材質：メッシュ
問：モンベル

強度と柔軟性を併せ持つ超軽量アルミニウム
ポールを採用し、驚くほどの軽さを実現。天
板は見た目以上に安定感が高く、安心して使
える。収納サイズもかなり小さく、背負って
いってもまったく苦にならないだろう

オンウェー／スリムテーブル

¥7,500

サイズ：100×57×66㎝
収納サイズ：100×16×16㎝
重量：約4.0㎏
天板の材質：アルミニウム合金（アルマイト加工）
問：オンウェー

独自開発されたフレーム開閉システムにより、
シンプルな作業でコンパクトに収納すること
を可能にした。ロールトップ式の天板はシッ
クなグレーのアルマイト着色を採用。自宅で
も活躍しそうな上品な仕上がりだ

▼

コールマン／
オールインワンキッチンテーブル

¥12,800

サイズ：約149×55.5×170/190cm
（テーブル：約80×54×80cm）
収納サイズ：約80×11×28cm
重量：約6.7kg
天板の材質：メラミン加工合板
問：コールマンジャパン

ランタンスタンドから調理道具ハンガー、2段の収納棚、2バーナースタンドまで、アウトドアでの調理に必要なすべてが詰まったシステムキッチン。すべてのパーツは、天板の内側にコンパクトに収納することができる

▼

キャプテンスタッグ／ジュール
アルミツーウェイロールテーブル

¥12,000

サイズ：70×69×38.5/70cm
収納サイズ：16×12×71cm
重量：約2.8kg
天板の材質：アルミニウム合金（アルマイト加工）
問：キャプテンスタッグ

アルミニウム合金を使用し、丈夫さと軽さを併せ持つ。高さは脚パイプの着脱により2段階に調整可能。スリムな造りは見た目のスマートさだけでなく、コンパクトに収納できるメリットもある実用的なデザインだ

▲

SOTO／
フィールドホッパー

¥5,000

サイズ：297×210×78mm
収納サイズ：297×110×19mm
重量：約395g
天板の材質：アルミ
問：新富士バーナー

バックパックのポケットに差し込んで持ち歩けるほど、軽量コンパクト。名前のとおり、開くだけで足が飛び出してくるので面倒な組み立ては一切不要。一人用として、サイドテーブルとして、ひとつあると重宝する

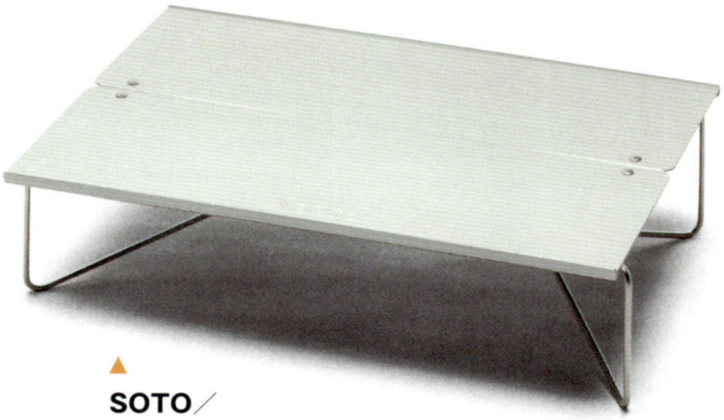

ロゴス／グランベーシック
丸洗い3FDスリムテーブル

¥14,800

サイズ：約120×60×69/57/35/24cm
収納サイズ：約62.5×50×5cm
重量：約6.4kg
天板の材質：フェノール樹脂
問：ロゴスコーポレーション

ヴィンテージ古材風の天板は、水に強いフェノール樹脂製。フレーム部はステンレスとアルミを使い、汚れても丸洗いできるのでメンテナンスが楽々。わずかな隙間に収納できる、収納時の厚み（わずか5cm！）も見逃せない

ユニフレーム／焚き火テーブル

¥6,945

サイズ：約55×35×37cm
収納サイズ：約55×35×2.5cm
重量：約2.3kg
天板の材質：ステンレス鋼（特殊エンボス加工）
問：ユニフレーム

熱、キズ、汚れに強いステンレス製。熱い鍋やバーナーも直接置けるうえ、天板にはキズが目立たないエンボス加工が施されている。さらに丸ごと水洗いもOKなので、アウトドアでも気にせず使えるタフな一台だ

ロゴス／アルミトップテーブル

¥4,000

サイズ：約39.5×29×36cm
収納サイズ：約11×44cm
重量：約850g
天板の材質：6061アルミ
問：ロゴスコーポレーション

水に強く、軽量で丈夫な6061アルミを使用。各パーツを外してコンパクトに持ち歩けるため、キャンプはもちろん、トレッキング時にも便利だ。使い心地と携行性の両方を追求する、欲張りなキャンパーも納得の逸品

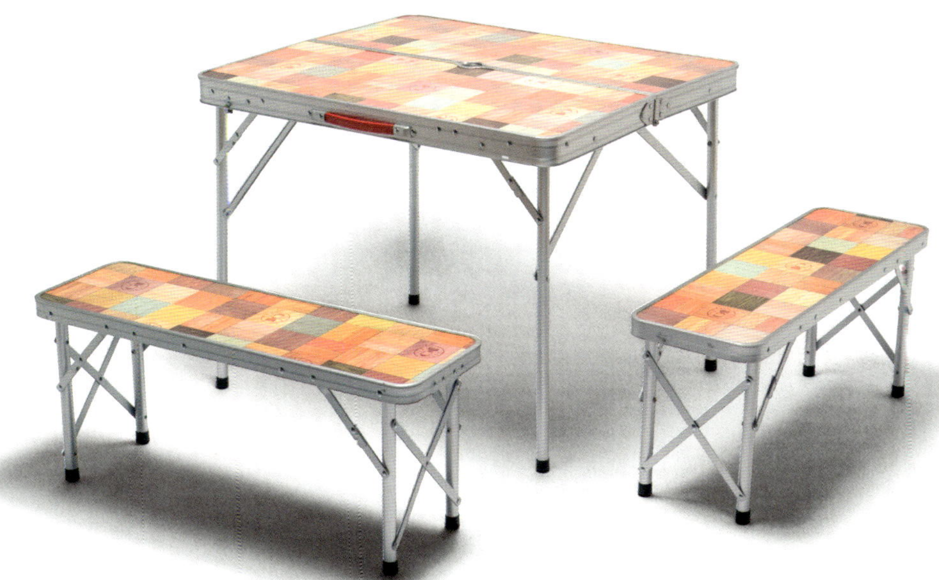

コールマン／ナチュラルモザイク
ファミリーリビングセット/ミニプラス

¥13,800

サイズ：約80×70×65cm（テーブル）、約78×25×35cm（チェア）
収納サイズ：約80×10.5×35.5cm
重量：約9.2kg
天板の材質：プリント合板（メラミン加工）
問：コールマンジャパン

テーブル内に2つのベンチが収まったセット。天板に抗菌加工が施してあり、家族4人で広々使えるテーブルの真ん中には、パラソルをセットできる穴が付く。夏場のファミリーキャンプやBBQのリビングはこれで決まり！

Cot

[コット]

あまり馴染みがないかもしれないが、コットとは簡易ベッドのこと。
ベンチとして使ったり、下が濡れている時には荷物置きにも使える。
何かと便利なギアなので、ぜひひとつ手に入れておきたい。

Text by Kei Ikeda　Photo by Junji Kumano

バイヤーオブメイン／
イージーコット

¥12,800

サイズ：約198×79×46cm
収納サイズ：約98×17×17cm
重量：約9.5kg
耐荷重：約150kg
問：エイアンドエフ

アメリカで140年近く愛され続ける老舗ブランドのNEW
モデル。600デニールという非常に丈夫なポリエステル生
地をカバーに採用し、耐久性に優れたモデル。耐荷重は約
150kgと大柄な男性でも安心して使うことができる

Point_2
重量は特徴がわかるポイント

安定感や丈夫さを求めるならしっかりとした
造りのものを、収納時のコンパクト性や持ち
運びを重視するなら軽量なものを選ぼう

Point_1
使用サイズは、まず高さを確認

幅や長さも重要だが、コット選びで見るべき
は高さ。ベンチや荷物置きとしても活用した
いなら、少し高めのサイズが便利だ

コールマン／トレイルヘッドコット

¥5,980

サイズ：約190×87×40cm
収納サイズ：約14×18×93cm
重量：約9kg
耐荷重：約80kg（コット）、約70kg×2（ベンチ）
問：コールマンジャパン

ゆったりとしたサイズ設計と安定感のある丈
夫な造りのスチール製。ベンチとして使って
も便利。また、高さと幅も十分あるので、地
面に荷物を置くと汚れてしまいそうな状況下
では、荷物置き場としても活用したい

クオルツ／キャンパーズベッド

¥4,980

サイズ：約190×62×20cm
収納サイズ：約70×20×8cm
重量：約3.95kg
耐荷重：80kg
問：カンセキ

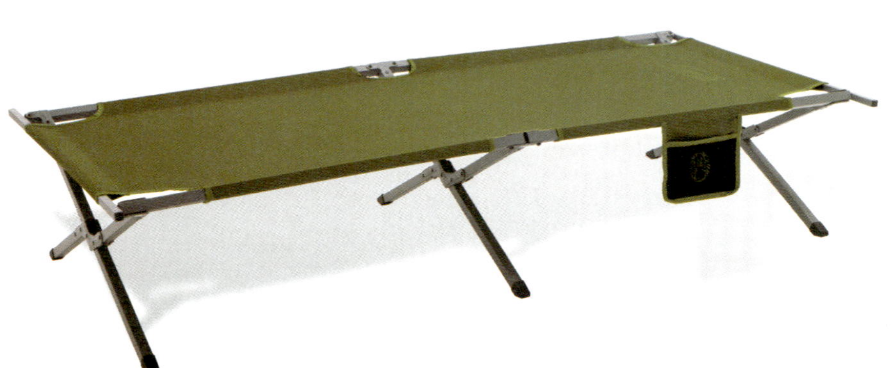

設営は折り畳まれているベッド側面のアルミ
フレームを広げて、スチールの脚を4本差し
込むだけでOK。この造りで¥5,000を切る
お値段はお値打ち！ カラーは、レッド、オ
リーブの2色から選べる

▶ ロゴス／コンパクトキャンプベッド-N

¥5,700

サイズ：約183×56×21㎝
収納サイズ：約64.5×8×18㎝
重量：約3.4㎏
耐荷重：約80㎏
問：ロゴスコーポレーション

超コンパクトに収納できる、持ち運びに便利なロースタイルコット。雨の日や湿度の高い時期でも湿った地面からの影響を防ぎ、身体を優しく支える柔らかな寝心地が特長だ。肩がけにできるキャリーバッグが付属する

◀ ユニフレーム／リラックスコット

¥11,945

サイズ：約193×69×45㎝
収納サイズ：約77×32×18㎝
重量：約7.5㎏
耐荷重：約80㎏×3
問：ユニフレーム

シート全面が均一に伸びる斜めにカットした生地を使うことで、包み込まれるような寝心地を実現。長年の使用でシートが緩んでも、レンチ一本でテンションをかけ直せる。組み立ては開くだけ、わずか3秒あれば十分

▶ コールマン／パックアウェイコット

¥12,800

サイズ：約190×64×38㎝
収納サイズ：約94×17×22㎝
重量：約4.6㎏
耐荷重：約80㎏（コット）、約70㎏（ベンチ）
問：コールマンジャパン

ワンタッチで設営可能な初級者にも優しい設計。軽量なアルミフレームを採用したことで、スペックに対しての重量はかなり軽く抑えられており、実用性と持ち運びのよさを併せ持つモデルだ。サイドポケット付き

◀ オンウェー／GIベッド

¥9,600

サイズ：190×66×40㎝
収納サイズ：94×10×19㎝
重量：5.8㎏
耐荷重：100㎏
問：オンウェー

同社のベストセラー商品のひとつ。600デニールと丈夫なポリエステルが、張りがあるしっかりとした寝心地をもたらしてくれる。シートの張り具合は、好みに合わせて調整できる。設営は広げるだけでOKだ

▶ モンベル／フォールディングフィールドコット

¥9,800

サイズ：190×66×40㎝
収納サイズ：19×10×94㎝
重量：6.58㎏
耐荷重：約100㎏
問：モンベル

高い安定性と耐久性を併せ持つ、しっかりとした造りが特徴。40㎝という高さは、簡易ベッドとしてだけでなく、ベンチとしても荷物置きとしても使いやすい万能型タイプだ。肩がけにして持ち運べる収納バッグ付き

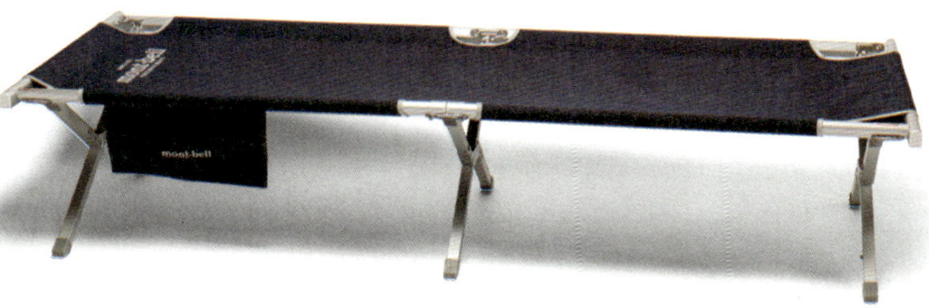

Burner

[　バーナー　]

焚き火よりも手軽に火を支えるバーナーもキャンプの必需品。
使いたい鍋の大きさや人数に合わせて
サイズや火口の数を決めるといいだろう。

Text by Kei Ikeda　Photo by Junji Kumano

▼

プリムス／オンジャ

¥20,000

収納サイズ：43×14×30㎝
ゴトクサイズ：41×14㎝
重量：3.0kg（＋ウッドボード490g）
最大出力：3,500kcal/h
使用燃料：アウトドアガス
問：イワタニ・プリムス

北欧生まれならではのスタイリッシュな2バーナー。コンパクトに収納でき、ショルダーバッグのように持ち歩くことができる。ウッドボードを外して開くだけでセッティングは完了。風に強い形状も特徴だ

Point_1

使用燃料の種類を確認しよう

燃料は大別して、カセットガス、アウトドアガス、ホワイトガソリンの3種類。カセットガスがもっとも手に入れやすい

Point_2

ゴトクが料理のしやすさを左右する

火力に目が行きがちだが、ゴトクの大きさも重要なポイント。ダッチオーブンなど大きな鍋を使いたいなら、特に要チェックだ

Point_3

火力の大きさもチェック

最大出力とは火力を表す数値。数字が大きいものほど、火力が強い。逆に数値が低いものは燃費がいいということもできる

◀

ユニフレーム／
テーブルトップ
バーナーUS-D

¥10,000

サイズ：20×20×9㎝
ゴトクサイズ：約25×25㎝
重量：約900g
最大出力：3,900kcal/h
使用燃料：カセットガス
問：ユニフレーム

家庭用ガスコンロと同じ感覚で使える使いやすさが特長。ゴトクが大きく、大鍋での料理でも抜群の安定感が得られる。1kgを切る軽さなので、メインとしてはもちろん、火口がもう一口欲しい時のサブバーナーとしてもどうぞ

コールマン／パワーハウスLP ツーバーナーストーブⅡ

¥11,800

サイズ：約64×32.5×52cm
収納サイズ：約54×32.5×7cm
重量：約4.2g
最大出力：3,500kcal/h×2
使用燃料：アウトドアガス
問：コールマンジャパン

7cmの極薄ボディに3,500kcal/hの火口を2つ備えたハイパワーLPツーバーナー。蓋を展開すると風防になり、風に強いことも頼もしい。火力調整はつまみを回すだけでOK。持ち運びに便利なキャリーハンドル付き

スノーピーク／ギガパワーストーブ 地

¥4,500

サイズ：φ106×67.5mm
収納サイズ：44×35×82mm
ゴトクサイズ：106×106mm
重量：75g

最大出力：2,500kcal/h
使用燃料：アウトドアガス
問：スノーピーク

小さなクッカー内に燃料のガス缶と共に収まるコンパクトな設計と使い勝手のよさから、世界中で大ヒットしたマイクロストーブ。調理に安定感を与える4本ゴトクは、中央に倒してコンパクトに収納できる

SOTO／マイクロレギュレーターストーブ ウインドマスター

¥8,000

サイズ：90×117×100mm
収納サイズ：47×51×88mm
ゴトクサイズ：100×100mm
重量：67g

最大出力：2,800kcal/h
使用燃料：アウトドアガス
問：新富士バーナー

重量わずか67g、手の平サイズの小さなボディにも関わらず、寒さと風に無類の強さを発揮する高性能バーナー。氷点下でも火力が落ちづらい機能を搭載し、どんなコンディションでも安心して使うことができる一台だ

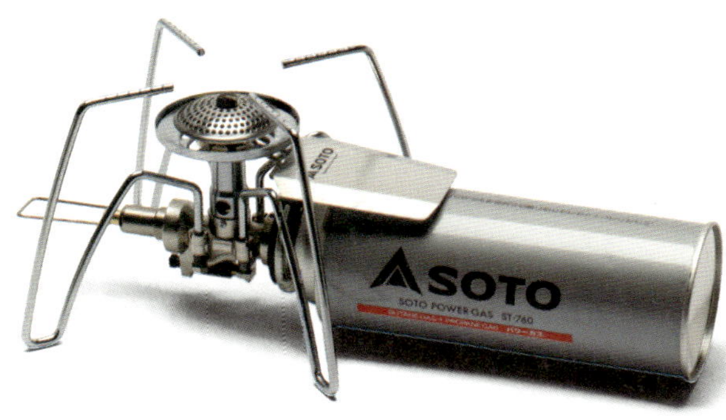

SOTO／レギュレーターストーブ

¥6,000

サイズ：166×142×110mm
収納サイズ：140×70×110mm
ゴトクサイズ：130×130mm
重量：350g
最大出力：2,500kcal/h
使用燃料：カセットガス
問：新富士バーナー

独自のテクノロジーを搭載することで、従来のカセットガス式ストーブの寒さに対する弱点を克服。低温化や連続使用に伴う火力の低下を最低限に抑えてくれる。重心が低くゴトクも大きいので、大鍋を使った料理にも対応可能

◀ **ユニフレーム／**
ツインバーナーUS-1900

¥20,000

サイズ：約54×32.5×29cm
収納サイズ：約54×32.5×11.5cm
ゴトクサイズ：約49.5×27cm
重量：約3.9kg
最大出力：3,900kcal/h×2
使用燃料：カセットガス
問：ユニフレーム

メンテナンスしやすいスタイリッシュなスチール製の軽量ボディに、3,900kcal/hの高出力バーナーを搭載。連続使用でも火力が落ちにくい構造や、持ち運びに便利なハンドルが付くなど、細部にもこだわりが満載の一台だ

▲ **キャプテンスタッグ／**
大型五徳ガスバーナーコンロ

¥12,000

サイズ：380×207×232mm	最大出力：3,000kcal/h
収納サイズ：240×207×85mm	使用燃料：アウトドアガス
ゴトクサイズ：88×88cm	問：キャプテンスタッグ
重量：940g	

アウトドアガスを使用するモデルの中でも、特にゴトクサイズが大きいことが特徴。少人数なら、メインバーナーとして大型の鍋を使った料理にも重宝する。ランタンなど他のギアと燃料を同じ種類で統一できることも利点だ

▲ **プリムス／**
エクスプレス・スパイダーストーブⅡ

¥10,000

収納サイズ：8.7×4×8.3cm	最大出力：2,400kcal/h
ゴトクサイズ：156mm	使用燃料：アウトドアガス
重量：195g	問：イワタニ・プリムス

燃料とバーナーヘッド部分が分かれていることで重心が低く、調理に安定性と安全性をもたらしてくれる。収納時は手の平サイズに収まるので、キャンプのみならず、ハイキングやピクニックにも気軽に持ち歩けるモデルだ

▼ コールマン／
413H パワーハウスツーバーナーストーブ

¥25,800

サイズ：約67×46×44.8㎝
収納サイズ：約56×35×16㎝
重量：約5.8㎏
最大出力：約3,650kcal/h（メイン）、約2,750kcal/h（サブ）
使用燃料：ホワイトガソリン
問：コールマンジャパン

2バーナーといえばこれ、と言っても過言ではない大ベストセラーモデル。燃料には経済的で寒さにも強いホワイトガソリンを使用。扱いは多少の慣れが必要だが、自在に使いこなせるようになればあなたも一人前のキャンパーだ！

▼ **コールマン／ツーバーナースタンド**

¥4,980

サイズ：約55×55×33.5〜70㎝
収納サイズ：約12×8×66㎝
重量：約1.5㎏
問：コールマンジャパン

▲ **ジェットボイル／ジェットボイルZIP**

¥9,900

収納サイズ　φ10.4×16.5㎝	最大出力：1,134kcal/h
容量：0.8ℓ	使用燃料：アウトドアガス
重量：400g	問：モンベル

寝起きに温かい飲み物が欲しい、寒い夜にお湯割り用のお湯が欲しい。そんな時はこいつの出番。驚異的な湯沸しスピードを、ぜひ体感してみていただきたい。湯沸し用のサブバーナーとして、一家に一台持っておくことをオススメ

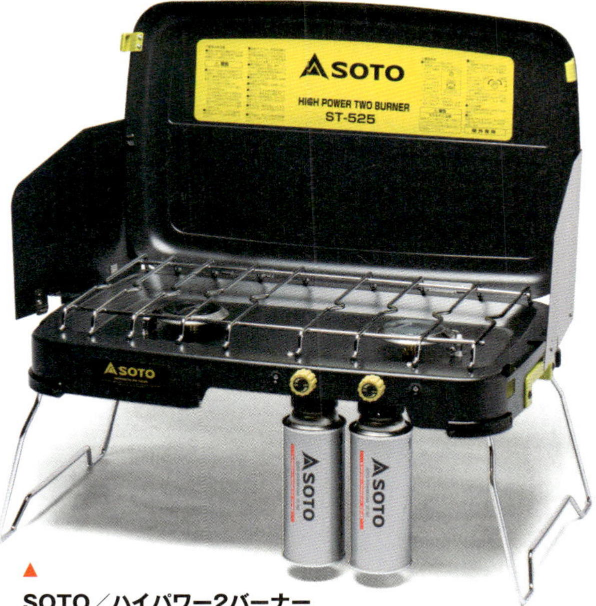

▲ **SOTO／ハイパワー2バーナー**

¥18,000

サイズ：610×410×580㎜	最大出力：4,200kcal/h
収納サイズ：580×360×85㎜	使用燃料：カセットガス
ゴトクサイズ：460×260㎜	問：新富士バーナー
重量：5.1㎏	

カセットガスを採用し、手軽に使える2バーナー。全面を覆うゴトクはフラットで幅広なので、使い勝手を追求する料理好きキャンパー向き。別売りのスモーカーを併用することで、燻製料理も楽しめる。3バーナータイプもあり

Grill

[グリル]

炭火で焼くBBQはキャンプの醍醐味のひとつ。
立って使うものから卓上で使えるものまで
幅広いタイプのラインナップが揃っている。

Text by Kei Ikeda　Photo by Junji Kumano

Point_1

立って使うか、座って使うか

卓上のものはみんなで座ったまま
囲めるので便利だが、本格的にB
BQを楽しみたいなら立って使う
タイプに軍配があがる

**キャプテンスタッグ／
キューブ ステンレス卓上コンロ**

¥9,500

サイズ：37×23×22cm
重量：2.5kg
焼き網サイズ：約37×23cm
問：キャプテンスタッグ

テーブルの上でも安全に炭火料理がで
きる、軽くて楽々持ち運び可能な卓上
タイプ。焼き網の高さを2段階に調節
できる機能も便利。コンパクトサイズ
なので、炭の量が節約できて経済的な
ことも見逃せないポイントだ

**コールマン／
クールスパイダープロ/LX**

¥16,800

サイズ：約80×60×40/70cm
焼き網サイズ：
約34.5×32.5cm×2
重量：約6.8kg
問：コールマンジャパン

左右の焼き網がそれぞれ3〜10cmま
で4段階に高さ調整でき、本格的な調
理が楽しめる。脚の高さも2段階に調
節可能で、ロースタイルのキャンプに
も対応する。炭を追加しやすい引き出
し式ロストルが、とても使いやすい

**ユニフレーム／UFタフグリル
SUS-600**

¥11,945

サイズ：約60×46×68cm
収納サイズ：約60×46×13.5cm
焼き網サイズ：約30×39.8cm×2
重量：約7.7kg
問：ユニフレーム

脚の差し込み位置を微妙にずらすこと
で、BBQグリルにありがちなグラつ
きを抑えた強靭さが売り。鉄板やおで
ん鍋など、組み合わせて楽しめる別売
りパーツも充実している。長さが1.5
倍のロングタイプもあり

ロゴス／アースグリル

¥5,500

サイズ：約φ34×20.5cm
収納サイズ：約φ34×13cm
焼き網サイズ：約φ29.5cm
重量：約1.5kg
問：ロゴスコーポレーション

錆びにくく、耐久性に優れたステンレス製の火床に、ナチュラルな風合いを生かした木製スタンドを組み合わせた個性派モデル。開閉式の吸気口を備え、火加減の調節も楽々。地面の上でも、卓上でもどうぞ

**コールマン／
バックアウェイグリルII**

¥3,980

サイズ：約φ28.5×21cm
焼き網サイズ：約ℓ28cm
重量：約1.5kg
問：コールマンジャパン

その名のとおり、コンパクトに収納することができ、どこにでも気軽に持ち運べる軽量BBQグリル。七輪のようなサイズ感なので、2〜3人ほどで囲むのにちょうどいい。卓上でも使用可能。カラーは全3色展開

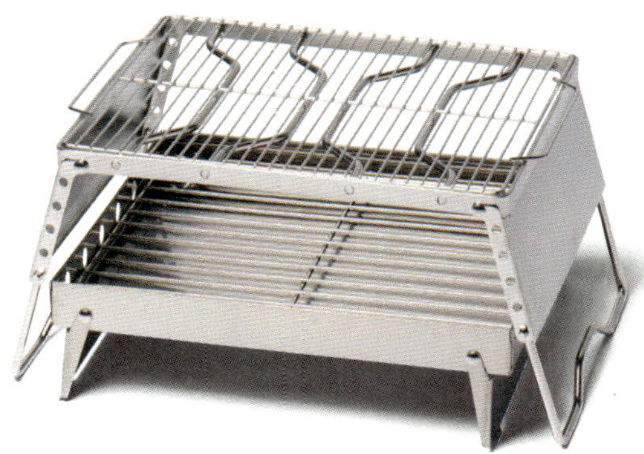

**ハイマウント／
アジャスタブルグリルセットL**

¥6,800

サイズ：約37×31×19cm
収納サイズ：約32.5×26.5×4.5cm
重量：約3kg
問：ハイマウント

広げてセットするだけの簡単構造で、BBQをはじめ、さまざまな料理を楽しめる。脚部の高さを変えて、調理に合わせた火力調節が可能。収納時の厚みは約4cmとコンパクトなので、持ち運びにも便利な一台だ

SOTO／デュアルグリル

¥25,000

サイズ：φ31×17cm
収納サイズ：φ31×14cm
焼き網サイズ：φ29cm
重量：約5kg
問：新富士バーナー

網焼きと鉄板焼きの二役を一台で楽しめるBBQグリル。焚き火台としても使え、これ一台で調理から焚き火、火消しツボとしてまで、さまざまなシーンでマルチに活躍してくれる。焼き網は3段階の高さ調節が可能

**ユニフレーム／
ユニセラTG-III**

¥10,000

サイズ：約31.5×25×19cm
収納サイズ：約31.5×16.5×8.5cm
焼き網サイズ：約30.5×18cm
重量：約3.1kg
問：ユニフレーム

独特な形状が特徴的な卓上グリル。V字フォルムは、底部から空気を吸い上げて燃焼をサポートするためのもの。内部にセラミックパネルを備え、遠赤外線の熱を効率よく網に伝えて食材を美味しく焼き上げてくれる

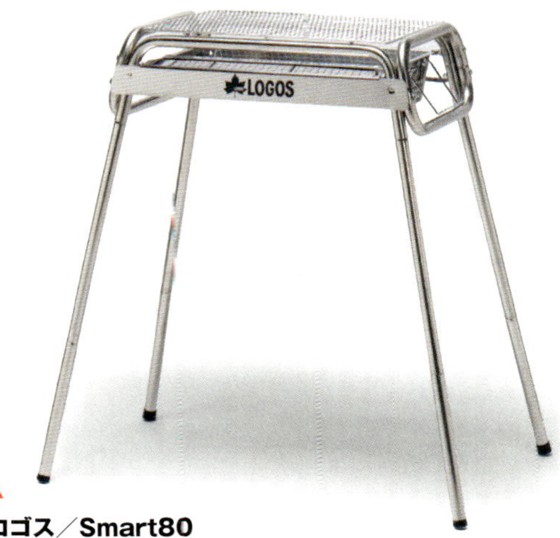

**ロゴス／Smart80
ステンチューブラル
M・プラス
（楽ちんカバーお試しパック）**

¥9,300

サイズ：約76×53×80／42cm
収納サイズ：約57×35×18cm
焼き網サイズ：約43.5×29.5cm
重量：約4.65kg
問：ロゴスコーポレーション

火床の位置を変えることで、遠火と近火、二つの火力が選べるグリル。火床はスライド式なので炭の追加も楽ちん。調理用の鉄板も標準装備しており、これ一台あれば網焼きと鉄板焼きの両方を楽しむことができる

Fire Pit

[焚き火台]

環境保護の観点から、キャンプ場で焚き火を行う際は
焚き火台を使うことが推奨されている。
安全に配慮するためにも、必ず焚き火台は持参していただきたい。

Text by Kei Ikeda　Photo by Junji Kumano

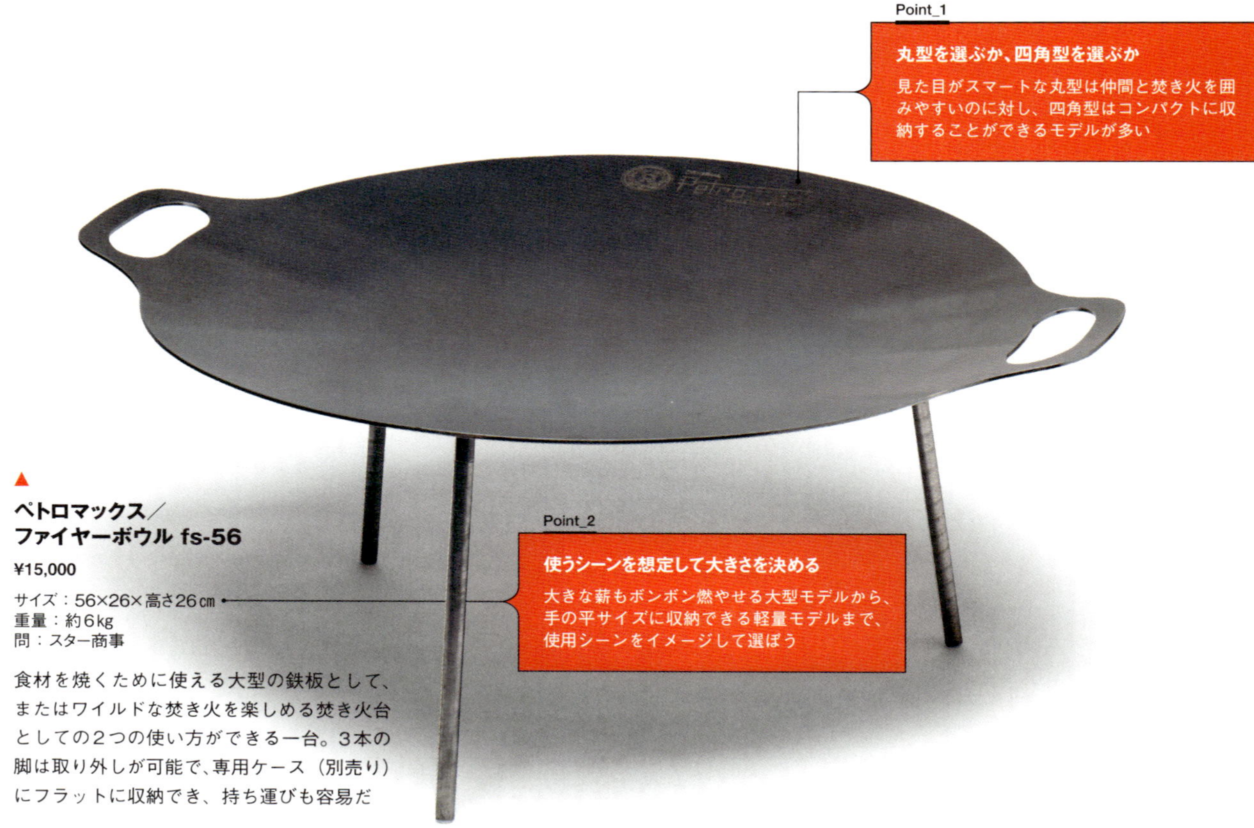

Point_1

丸型を選ぶか、四角型を選ぶか

見た目がスマートな丸型は仲間と焚き火を囲みやすいのに対し、四角型はコンパクトに収納することができるモデルが多い

Point_2

使うシーンを想定して大きさを決める

大きな薪もボンボン燃やせる大型モデルから、手の平サイズに収納できる軽量モデルまで、使用シーンをイメージして選ぼう

▲
**ペトロマックス／
ファイヤーボウル fs-56**

¥15,000

サイズ：56×26×高さ26㎝
重量：約6kg
問：スター商事

食材を焼くために使える大型の鉄板として、またはワイルドな焚き火を楽しめる焚き火台としての2つの使い方ができる一台。3本の脚は取り外しが可能で、専用ケース（別売り）にフラットに収納でき、持ち運びも容易だ

◀
**スノーピーク／
焚火台M**

¥12,600

サイズ：35×35×24.8㎝
収納サイズ：45×51.5×3.2㎝
重量：3.5kg
問：スノーピーク

誰でも簡単に扱えるシンプルかつタフな設計が人気を集める、焚き火台の大定番モデル。グリル用の焼き網や鉄板、三脚、テーブルまで、オプションも充実しており、自分仕様にカスタムしていくのも楽しい。S、Lサイズもあり

▲
**プリムス／
KAMOTO S
オープンファイアピット S**

¥16,000

サイズ：約38×45×33㎝
収納サイズ：約38×52×6㎝
重量：6.1kg
問：イワタニ・プリムス

未使用時は底板の厚さまでコンパクトになるスタイリッシュなポータブルモデル。BBQ用の焼き網も標準装備。ゴトクにぴったりフィットする別売りの鉄板（オープンファイアパン）もあれば、キャンプ料理の幅がぐっと広がる

キャプテンスタッグ／ラウンドファイアピット

¥14,000

サイズ：約56×40㎝
焼き面の高さ：23㎝
収納サイズ：約56×17㎝
重量：約3.6㎏
問：キャプテンスタッグ

宇宙船のような独特の形状とブロンズカラーが特徴的なファイアピット。組み立ては脚を広げるだけ。焼き網も付属するので、グリルとしても使える。メッシュフードが火の粉の飛び散りを抑え、安全な焚き火をサポートしてくれる

ユニフレーム／ファイアグリル

¥6,389

サイズ：約43×43×33㎝
収納サイズ：約38×38×7㎝
重量：約2.7㎏
問：ユニフレーム

リーズナブルで強度にも優れた焚き火台をお探しならオススメしたいロングセラーモデル。受け皿部分の深さは浅めなので、少ない炭を有効に使いながらBBQができて経済的だ。焼き面が約1.3倍大きいラージサイズもあり

ユニフレーム／火消し壺SUS

¥11,112

サイズ：約Φ18×18cm
重量：約1.7kg
問：ユニフレーム

使い方は、水を入れて火がついたままの炭を付属の網に放り込むだけ。火が消えたら網ごと取り出して日干しすれば、炭を再利用することができる。蓋をして次回まで保管も可能だ。一度使えば、手放せない焚き火ギアとなるはず

SOTO／エアスタ ベース

¥12,500

サイズ：25×25×21.5cm
収納サイズ：10×34×21.5cm
重量：2.4kg
問：新富士バーナー

SOTO／エアスタ ウイングL

¥7,300

サイズ：45×45×28.5cm
収納サイズ：43.3×22.6cm（1枚）
重量：505g×4枚
問：新富士バーナー

炎にこだわるバーナーブランドが開発した新発想の焚き火台。中央の筒状のパーツが新鮮な空気を集め、焚き火のハードルとなる着火問題を解消してくれる。キャップで閉じられるので炭火の使用にも対応する。M、Lの2サイズを選べる着脱式のウイングは別売り

▲
ロゴス／
焚火ピラミッドグリル EVO-L

¥9,300

サイズ：約39×39×26㎝
収納サイズ：約41.5×26.5×8㎝
焼き網サイズ：約38×38㎝
重量：約3.2㎏
問：ロゴスコーポレーション

わずか10秒という組み立て速度とダッチオーブン料理も楽しめる頑丈さが魅力の一台。その秘密は、わずか5つのパーツでシンプルに構成されていること。さらに、焼き網まで折りたためるので、超薄型収納も実現している

▲
オンウェー／
ファイアグリル

¥16,000

サイズ：46×46×51㎝
焼き網の高さ：42㎝
収納サイズ：47×47×16㎝
重量：約4.8㎏
問：オンウェー

使い勝手のよさに定評のあるチェアやテーブルで知られる同社の焚き火台は、折りたたみチェアと同じ構造を利用した脚部が特徴。軽量かつ簡単に収納でき、大鍋にもビクともしない丈夫さを兼ね備える。4～5人での使用にぴったり

▲
コールマン／
ステンレスファイアーブレイス

¥16,800

サイズ：約41.5×46.5×34.5㎝
収納サイズ：約41.5×30.5×15.5㎝
重量：約5.7㎏
問：コールマンジャパン

深さがあり、大きな薪でもどんどん燃やせる大型タイプ。空気の流れが作りやすく、燃焼効率に優れた井げた式ボディを採用する。付属の焼き網で食材を焼いたり、ダッチオーブンを載せたりと、焚き火料理を楽しむにも最適

▲
コールマン／
ファイアーブレイステーブル

¥13,800

サイズ：約100×100×27㎝
収納サイズ：約100×17×11㎝
重量：約6㎏
問：コールマンジャパン

焚き火台を真ん中に置いて、まるで囲炉裏のように使うタイプの焚き火代用テーブル。オールステンレス製なので、焚き火の近くでも安心して使うことができる仕様となっている。収納時は細長く収まり、車への積み込みも楽々だ

テンマクデザイン／
焚き火グリル "とん火"

¥16,000

サイズ：約48×41×55.5cm
収納サイズ：約42.5×31×5cm
重量：約4.3kg
問：カンセキ

焚き火とキャンドルランタンのみ
で、長年シーカヤックツアーを行
ってきたベテランガイドが手がけ
た至極の一台。カマドのような独
特の形状が、薪の補充を容易にし、
煙突効果で空気の流れを生み薪の
燃焼を助けてくれる

SOTO／
ミニ焚き火台 テトラ

¥980

サイズ：8.3×8.8×7.9cm
収納サイズ：8.8×8×0.4cm
重量：122g
問：新富士バーナー

折り畳むとポケットに入ってしま
うほど小さくなる、ソロタイプの
焚き火台。お湯を沸かしたり、一
人焼肉を満喫したりと、使い方次
第でさまざまな楽しみ方ができる。
固形燃料の風防として、卓上でも
使用することができる

ロゴス／クワトロポッド

¥8,300

サイズ：約70×70×133.5cm
収納サイズ：約53×14×9cm
重量：約4.1kg
問：ロゴスコーポレーション

ダッチオーブンなどを吊り下げて、
ワイルドな焚き火料理を楽しむた
めのギア。この手のギアは三脚が
主流だが、あえて四脚にしたこと
で、圧倒的な安定感と耐荷重の高
さを実現。初めてでも安心して焚
き火料理を満喫できる

コールマン／
ファイアーディスク

¥5,980

サイズ：約45×23cm
収納サイズ：約46×8.5cm
重量：約1.6kg
問：コールマンジャパン

ビギナーでも手軽に焚き火を楽し
めることに特化して作られたモデ
ル。材質は扱いやすいオールステ
ンレスで、設営はわずか3秒。空
気がよく通る皿型の形状なので、
火が起こしやすい。収納時の厚み
は10cmと非常にコンパクトだ

Hatchet

[斧 & 鉈]

初級者のキャンプにおいて、マストで必要なギアではないが、
アウトドアズマンたるもの、斧や鉈を自在に使いこなしたい。
慣れればナイフのようにも使え、キャンプの便利な相棒となる。

Text by Kei Ikeda　Photo by Junji Kumano

Point_1

用途を考えて選ぶ

柄が長い斧は大きな薪も割りやすく、鉈は片手で扱えて細めの薪を割るのに便利。初めてなら、両方の特徴を併せ持つ手斧がオススメ

▲

バックナイフ／ハンドアックス

¥21,800

刃長：76mm
全長：320mm
重量：663g
刃の材質：5160スプリング鋼
問：エイアンドエフ

真っ赤なコーティングが目を引く手斧タイプ。ブレードにはナイフの切れ味をもつ5160スプリング鋼、ハンドルは割れにくく美しいウォールナット材を使用。草むらに置いてしまっても、この色ならすぐに見つけることができる

▼

テンマクデザイン／極厚両刃鉈5寸

¥23,715

刃長：150mm（5寸）
全長：約420mm
重量：約380g
刃の材質：軟鉄・鋼
問：カンセキ

枝を落としたり、焚付けを作ったりと、キャンプでも扱いやすいサイズの薪割り鉈。7mmの極厚両刃を備え、柄は後ろにいくほど太く仕上げた手から抜けづらい形状を採用。新潟の職人が丁寧に仕上げた逸品だ

▲

**グレンスフォシュ・ブルーク／
ミニハチェット**

¥18,300

刃長：62mm
全長：265mm
重量：240g（斧頭）
刃の材質：斧用スウェーデン鋼
問：ファイヤーサイド

1902年から斧を作り続ける、スウェーデンの老舗ブランドを代表するモデル。軽量なので携行しても苦にならず、ナイフとして使うこともできる。一本一本職人が手がける、まさに工芸品と呼ぶにふさわしい一生モノ

▲
ユニフレーム／
つるばみ鉈

¥9,260

刃長：約165mm
全長：約350mm
重量：約500g
刃の材質：軟鉄＋SK-5
問：ユニフレーム

熟練の職人が一本ずつ手がけた美しい仕上がりが魅力。叩き切る、叩き割るといった、鉈の用途に適したエッジのない「蛤刃」を採用している。この切れ味と風合いのよさは、手作りだからこそ生み出せるものだ

▲
ハスクバーナ／
キャンプ用斧

¥5,500

刃長：130mm
全長：375mm
重量：500g
刃の材質：スウェーデン鋼
問：ハスクバーナ・ゼノア

300年以上の歴史を誇るスウェーデンの老舗が手がけるキャンプ用モデル。使い勝手と持ち運びのよさを考慮したバランスのいい一本だ。付属の革製エッジカバーを使用すれば、ベルトなどに取り付けることもできる

▲
ロゴス／
折りたたみノコギリ

¥2,100

刃長：約160mm
全長：約375mm
重量：約250g
問：ロゴスコーポレーション

斧や鉈の扱いに不安があるなら、コンパクトな折り畳み式のノコギリが一本あるとなにかと重宝する。ワンタッチで開閉できるロックボタン式を採用し、安定感が抜群。誰でも簡単かつ安全に薪を切ることができる

▲
モチヅキ／
山鉈180mm

¥5,500

刃長：180mm
全長：370mm
重量：600g
刃の材質：極軟鋼－SK鋼
問：モチヅキ

金物の街として有名な新潟県燕三条市で、熟練の職人により丁寧にこしらえられた山鉈。丈夫で扱いやすいバランス感は最初の一本に最適。3つの長さを展開する。コスパの高さにも注目したい。革製ケース付き

▼
ハスクバーナ／ハチェット H900

¥5,500

刃長：約150mm
全長：約340mm
重量：900g
刃の材質：テフロン加工した高品質鋼
問：ハスクバーナ・ゼノア

滑りにくい素材と形状のグリップは使い勝手がよく、シャフトは軽くて振動の伝わりにくい強化プラスチック製。キャンプ場で見つけやすいカラーもポイントだ。ヘッド後部はハンマーとしても使え、テント設営時にも便利

▲
バックナイフ／
キャンプアックス

¥12,000

刃長：76mm
全長：311mm
重量：489.7g
刃の材質：ハイカーボンスチール
問：ビッグウイング

高品質なナイフ作りで有名な同社が手がける、キャンプ用に設計されたハンドアックス。刃と柄のバランスに優れたコンパクトなボディは、適度な重さもあって誰でも扱いやすい。しっかりとしたホルダーも付属する

たき火ヴィレッジ
〈いの〉管理人
猪野正哉さん

管理するアウトドアスペースでは、薪割り、火起しを体験でき、昔ながらの焚き火を提案。自然や火の魅力、怖さとの両面を伝える。焚き火以外にもキャンプから縦走登山まで幅広く楽しむ

これを知っておけば脱ビギナー!

火の起こし方

火起こしって、難しいと思っていないだろうか?
準備をしっかりしておけば、簡単に火は点けられる。
火起こしをマスターして、より楽しいキャンプタイムを!

Photo by Hiroyuki Usami

焚き火の起こし方

How to_1

1

まずは道具を準備する

炭捨て場があっても消火用のバケツは必須。火傷や木のささくれを防ぐ手袋も大事

2

細い枝が燃えやすい

濡れた小枝も中身は乾いているので、ナイフで皮を剥くといい。また皮は燃えにくい

3

大きな薪は割っておく

市販されている薪は太く、焚き付け用に使うときは、なるべく細かく割っておくこと

4

薪は太さ別に揃えておくと便利

着火剤になる杉の葉から、小枝、端材、細くした薪の順に燃やすこと

5

焚き付けの上に細い枝を

まず杉の葉を一番下に敷き、細いものを放射状に置いていく。これを合掌型という

6

隙間を作りつつ中太の枝を重ねる

焚き付けはギュッと盛り、重ねる枝や薪は空気の通り道ができるように空間を作る

7

火は上ではなく、下につける

炎は上昇する性質をもつ。そのため上部に点けるより、下に点けると効率がいい

8

太い薪は乾かしておくといい

湿度が高い日本では薪が乾きにくい。そのため焚き火台や火の近くで乾かしておこう

9

太い薪は完全に火が点いてから

細い薪に火が点いたら、幹側が燃えるように投入。一度に太い薪を入れないこと

08 炭
炭の種類も多いが、備長炭は点きにくいので上級者向け

09 炭バサミ
高温になるので耐火グローブよりも炭ハサミが便利

10 焚き付け
新聞紙や牛乳パックも着火剤の代わりになる

06 ガスバーナー
火が起きないときの最終兵器として持っておきたい

07 斧、ナイフ
薪を細かくする手斧、枝の皮剥きにも使えるナイフ

04 ライター類
手元と点火口が離れているほうが安全に使える

05 グローブ
軍手よりも革グローブがアウトドアでは重宝する

01 ファイアーブラスター
100円ショップの空気入れを火吹きの代用品に

02 着火剤
ジェル状チューブと小分けにできるものが主流だ

03 マッチ類
アウトドア用のマッチは風や水にも強い仕様

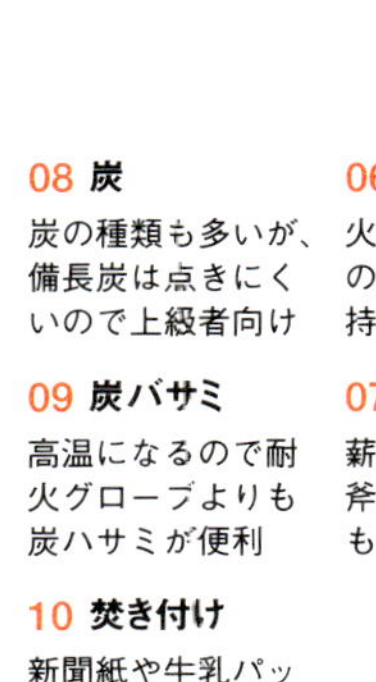
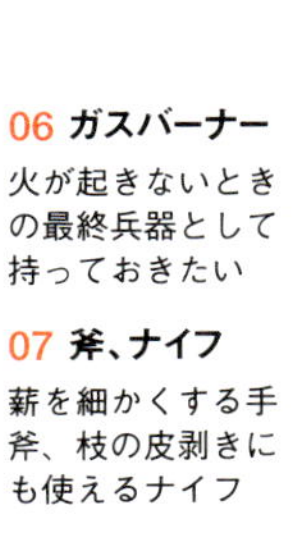

炭火の起こし方

How to_2

細かい炭を底に敷く
炭箱の中で粉々になっている炭を使うのがポイント。細かいので燃えやすい

大きめの炭を井げたに組む
太くて長い炭を漢字の「井」のように積み重ねる。この組み方を井げた型という

用意したのはこのセット
火力が安定する炭はBBQに向く。薪は暖をとる用、炭は調理用と覚えておこう

隙間をあけつつ炭を載せる
井げたにすることで上に新たな炭を置きやすい。完全に蓋をしてしまうと消える

着火剤に火をつける
ジェル状の着火剤は炎が見えにくいこともあるので、柄の長いライターを使う

着火剤を入れる
つぎ足しは危険なのでしないこと。多めに入れることで着火を促してくれる

これがおき火の状態
炎が立ち上がらなくなったらおき火の完成。この状態になってから調理を始めよう

バーナーを使うのもあり
天候によって、焚き付けのアイテムは臨機応変に。風が強い場合などは有効だ

着火剤が燃え尽きたら空気を送る
炎が弱くなったら、ピンポイントで空気を入れてあげることで、炎の勢いが戻る

Dutch oven & Skillet

[　ダッチオーブン&スキレット　]

煮る、焼く、蒸すなど、何でもできるダッチオーブンやスキレットは、
アウトドア料理の幅をぐっと広げてくれる万能アイテム。
フタの上にも炭火を置くことができるので、旨味もギュッと凝縮される。

Text by Akemi Kan　Photo by Junji Kumano

Point_1

内径の大きさが重要

鋳鉄製が主要のダッチオーブンは、分厚い材質を用いるため、外径と内径に数cmの差があることが多い。容量の目安は内寸で確認を

▶
**コールマン／
ダッチオーブンSF（8インチ）**

¥7,480

本体サイズ：約φ20×10cm
内寸：約φ18.5×8cm
材質：鋳鉄
重量：約3.5kg
問：コールマンジャパン

直径18cm前後のダッチオーブンは、少人数もしくは2台目として重宝するサイズ。植物性オイル仕上げなので、使用前のシーズニング作業も不要。脚なしなら、家庭でも使いやすい。リッドリフターと収納ケース付き

Point_3

脚の有無は？

ダッチオーブンは炭火の上で安定しやすい脚付きと、脚無しの2種類。自宅やツーバーナーでも使用したい場合は脚無しを購入しよう

Point_2

お手入れ方法は材質次第

鋳鉄製は使用する前にシーズニングとよばれるならし作業が必要だが、最近はお手入れ不要な特殊加工済みやステンレス素材も多数

▲
**スノーピーク／
コロダッチカプセル**

¥8,300

本体サイズ：約28.2×9×7.4cm
材質：ダクタイル鋳鉄
重量：約1.9kg
問：スノーピーク

スノーピークの地元、燕三条地区の鋳物成型技術を活かした小型ダッチオーブン。アスパラや魚などの長い食材を調理しやすいデザインは、ホームパーティにもおすすめ。裏面のリブを使って焼き物もできる

▲
**SOTO／
ステンレスダッチオーブン
10インチ**

¥20,500

本体サイズ：約36.5×28×16cm
内寸：約φ25.9×11.5cm
材質：ステンレス
重量：約4.9kg
問：新富士バーナー

ステンレス製なら、シーズニングも使用後のお手入れも不要。料理に油も浮かないため、蒸し料理や汁物まで楽しめる。もちろん残った料理の温めなおしもOK！IHや電気にも対応しているので自宅でも活用したい

ロッジ／
ロジックスキレット 8インチ

¥3,300

本体サイズ：約32.5×4.8cm
内寸：約φ20.2×4cm
材質：鋳鉄
重量：約1.49kg
問：エイアンドエフ

鋳鉄製にこだわり続ける「ロッジ」は、ダッチオーブン界のNo.1に君臨する老舗ブランド。食材にムラなく熱を伝えるスキレットは、別売りのカバーと併用することで蒸し焼きや煮込みまで活用できる

ロゴス／
SLダッチオーブン8インチ

¥6,000

本体サイズ：約φ20.7×10cm
内寸：約φ18.5×7.7cm
材質：鋳鉄
重量：約3.7kg
問：ロゴスコーポレーション

鋳鉄ながら面倒なシーズニングは不要で、購入後は丸洗いするだけでOK。スープやデザート作りにも最適なコンパクトサイズは、家庭用ガスコンロやIHでも使用可能。油染みしづらい専用バッグ付きで、運搬も快適

コールマン／
クラシックアイアンスキレット

¥5,980

本体サイズ：約27.5×41.5×10cm
材質：鋳鉄
重量：約4.4kg
問：コールマンジャパン

ステーキやパエリア、パンケーキなど、さまざまな料理を楽しめるスキレットは一台あると大活躍。蓋裏にリベットが付いているので、水分が食材に均等に落ち、旨味を逃がさない仕組み。面倒なシーズニングも不要

ロゴス／
取っ手がとれるスキレットS

¥2,300

本体サイズ：約φ16.5×30×8cm
内寸：約φ16×3.5cm
材質：鋳鉄
重量：約1.2kg
問：ロゴスコーポレーション

着脱可能なハンドルは、小さく収納できるのが最大のポイント。取手を外すことでオーブンやトースターでの調理も可能になり、料理の幅がぐっと広がる。底面は焦げにくいドット加工。取手は2カ所に設置できる

ユニフレーム／
ダッチオーブン
スーパーディープ 10インチ

¥13,519

本体サイズ：30×16.5×8cm
内寸：約φ16×3.5cm
材質：黒皮鉄板
重量：約5.8kg
問：ユニフレーム

繊細な凹凸があり、油馴染みの良い黒皮鉄板を採用。一枚の鉄板から作られているので熱伝導率も良く、全体をムラなく加熱できる。ツインバーナーやIHでも使える便利さと、家庭用洗剤で洗える手軽さもいい

Cooker

[　クッカー　]

アウトドア用の鍋やフライパンなどを示すクッカーは、
キャンプ料理には欠かせないアイテム。セット展開されているものは汎用性も高く、
ひとつあるとかなり重宝する。使用人数や用途に合わせて選びたい。

Text by Akemi Kan　Photo by Junji Kumano

Point_2

セット内容をチェック

ブランドやモデルによって、クッカーセットの道具内容や個性もさまざま。必要のない道具は荷物になるので、使用目的を明確にして道具の選択を

Point_1

材質によって
特徴はさまざま

熱伝導率が高く焦げにくいアルミ製や、強度のあるステンレス製、軽くて丈夫なチタン製など、材質も多数。優先順位を決めると選びやすい

Point_3

容量とサイズを確認

アイテムの点数や容量が増えると、当然ながら重量も増える。家族で使うのか？　2人用なのか？　主要となる人数を想定したサイズを選ぼう

▲ ユニフレーム／fan5 DX

¥13,797

収納サイズ：約φ23×19.5cm
容量：5,500㎖（ステンレス大鍋）／
2,000㎖（ステンレス片手鍋）／3,200㎖（ライスクッカー）
重量：約3,000g
素材：ステンレス、アルミニウム
問：ユニフレーム

難しい火加減のタイミングをフタの動きが知らせてくれるライスクッカーや、拭き取るだけで連続調理できるフライパンなど、初心者にも使いやすい工夫が満載。タフに使える1㎜厚のステンレス鍋は、4人前を賄える

▲ SOTO／
ナビゲーター クックシステム

¥7,000

収納サイズ：約φ19×10.5cm
容量：1,800㎖（クッカー大）／
1,300㎖（クッカー小）
重量：約608g
素材：アルミニウム、樹脂
問：新富士バーナー

耐衝撃性・耐食性に優れた2つの鍋は、使い勝手も抜群。フタはカッティングボードや湯切り、鍋の取っ手はトングとして使用できるなど、多目的に活用できるアイデアも嬉しい。コジーを使えば保温時間も格段にUP！

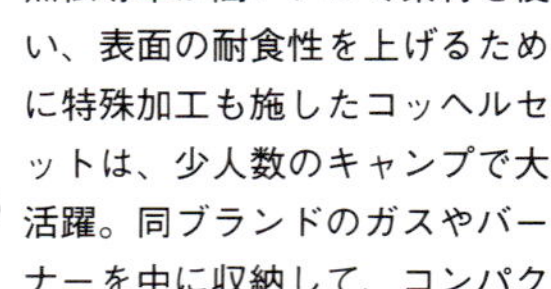

▲ プリムス／
イージークックNS ソロセットM

¥3,500

収納サイズ：約φ12.5×15cm
容量：900㎖（ポット）／400㎖（ミニポット）
重量：約250g
素材：ハードアノダイズド加工済みアルミ
問：イワタニ・プリムス

熱伝導率が高いアルミ素材を使い、表面の耐食性を上げるために特殊加工も施したコッヘルセットは、少人数のキャンプで大活躍。同ブランドのガスやバーナーを中に収納して、コンパクトに持ち運びできる

コールマン／アルミクッカーコンボ

¥13,800

収納サイズ：約φ25×20cm
重量：約3,000g
素材：アルミニウム、ステンレス
問：コールマンジャパン

キャンプ料理に必要な道具を網羅！すべてを
ポット内に収納できるので、保管や持ち運び
もノンストレス。焦げ付きを防止する加工済
みで調理も快適に楽しめる。ご飯が美味しく
炊けるライスクッカーの存在もポイント高め

GSI／バカブー10インチフライパン

¥5,400

収納サイズ：約28.2×26.9×7.1cm
重量：約502g
素材：テフロンコーティング アノダイズド合金
問：エイアンドエフ

高い熱伝導性をもつ軽量アルミニウムに、特
別開発の2層コーティングを施したバカブー
コレクション。食材にムラなく熱を通し、焦
げ付きも防止するフライパンは、バックパッ
クでの持参も苦にならない軽さ

スノーピーク／フィールドクッカー PRO.1

¥14,800

収納サイズ：約φ25×21cm
容量：6.6ℓ（230ビリーポット）／
4.3ℓ（200ビリーポット）／3ℓ（180ビリーポット）
重量：約3,300g
素材：ステンレス、鉄板
問：スノーピーク

1988年デビューのロングセラ
ーモデル。豪快な炎にも負けな
い強靭なスペックと計算された
収納スタイルが特徴。水切りや
揚げ物料理にも使えるメッシュ
バスケットや、ハンドルケース
を兼ねた鍋つかみ付き

キャプテンスタッグ／3層鋼キャンピングクッカーLセット

¥39,000

収納サイズ：約φ23.5×23cm
容量：6.9ℓ（寸胴鍋23cm）／4.3ℓ（寸胴鍋20cm）、
2.5ℓ（寸胴鍋17cm）
重量：約4,100g
素材：ステンレス鋼
問：キャプテンスタッグ

寸胴3つにフライパン、さらにお玉もついて
いるので、大人数の料理作りも楽々。軟鉄を
耐食性に優れたステンレスで挟んだ3層鋼（5
層構造）が、抜群の熱効率と耐久性をもち、
強力なガスバーナーにも対応する

ユニフレーム／キャンプケトル

¥7,315

収納サイズ：約φ13×22cm
容量：1,600㎖
重量：約600g
素材：ステンレス鋼
問：ユニフレーム

焚き火の炎で湯を沸かしながら、
談笑する時間。優雅で楽しいひ
と時を演出するケトルは、雰囲
気を重視しよう。フタの落下防
止ストッパーや灰の侵入を防ぐ
口蓋など、アウトドアで必要な
機能も搭載されている

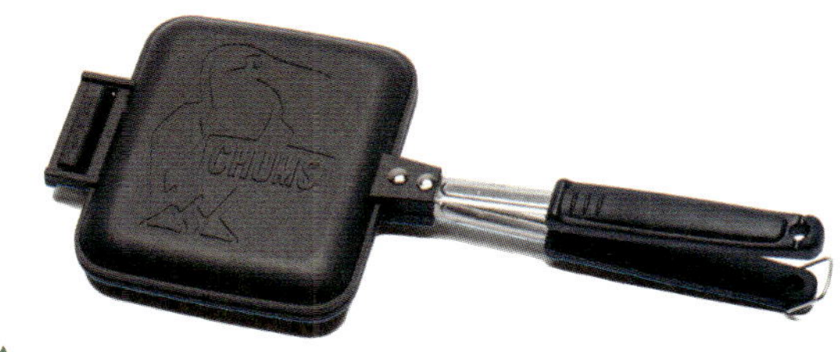

チャムス／ホット サンドウィッチクッカー

¥4,800

収納サイズ：約15×35cm
重量：約490kg
素材：アルミニウム合金
問：チャムス表参道店

ホットサンドやパンケーキ、卵
焼きなど、朝食に嬉しい料理を
手軽に作れるクッカーは、キャ
ンプ料理の盛り上げ役。表面に
ブービー、裏面にチャムスロゴ
の焼き目をつけられるこのモデ
ルなら、子どもたちも大喜び！

Knife

[ナイフ]

調理中の食材カットはもちろん、焚き火用の小枝を切ったり、
釣った魚をさばくなど、じつは使用する機会の多いアウトドアナイフ。
機能的かつ、自分のスタイルに合うアイテムを手にいれよう。

Text by Akemi Kan　Photo by Junji Kumano

Point_1

ブレード（刃）の長さを確認

ブレードの長さはナイフ選びの重要ポイント。短いほど指の感覚に近づくが、作業も限られてくる。汎用性を求めるなら10cm前後を

Point_2

持った時にしっかり力が入る？

木材やプラスチックなど、ハンドルの材質もさまざま。握った時のフィット感や作業のスムースさなどにもこだわると快適性が増す

Point_3

用途を明確にする

ブレードには皮向きに適したデザインから食材カット、細かい作業用まで、そのデザインも多彩。主要となる用途を明確にして選ぼう

▲

**オピネル／
カーボンナイフ #10**

¥2,800

ブレード：約100mm
重量：約80g
材質：ハイカーボンスチール（ブレード）、ブナ材（グリップ）
問：ハイマウント

折りたたみ式ナイフの原型を開発したフランス生まれの「オピネル」は、世界中の人に愛される老舗ブランド。中でも切れ味が良く、研ぎやすいカーボンナイフはアウトドアの定番。10cmは、料理はもちろん小枝を切るにも便利サイズ

▶

プリムス／CF ナイフ 15cm

¥3,750

ブレード：約150mm
重量：約90g
材質：ステンレス（ブレード）、オーク（ハンドル）
問：イワタニ・プリムス

どんな食材もストレスなくカットできる切れ味抜群のブレードには、温かみのあるオーク材をプラス。シンプルで上品な印象をもつデザインは、スウェーデンの老舗ブランドならでは。ブレード12cmも展開している

◀

GSI／パックナイフ

¥1,600

ブレード：約80mm
重量：約42g
材質：ノンスティックコーティングステンレス（ブレード）、ナイロン（グリップ）
問：エイアンドエフ

アウトドア用の優れたクッキングツールを多数開発するGSIのナイフは、シーンを問わず活用できるサイズ感が魅力。折りたたみのできないシースナイフは、ブレードが安定しているので強度もあり、長く愛用できる

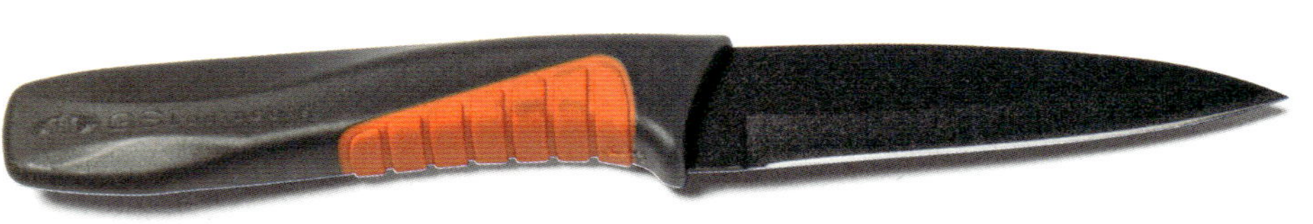

▲

MSR／アルパイン キッチンナイフ

¥1,300

ブレード：約112mm
重量：約48g
材質：ステンレス（ブレード）、プラスチック（グリップ）
問：モチヅキ

硬化ステンレス鋼で耐久性の高いナイフは、プラスチックのシース付きで持ち運びも安全。コンパクトながら、野菜や肉などのさまざまな食材をカットできるので調理で大活躍する。初めての一本としても使いやすいデザイン

▲

ユニフレーム／ウェーブナイフ

¥4,630

ブレード：約150mm
重量：約60g
材質：ダマスカス鋼（ブレード）、ステンレス鋼（グリップ）
問：ユニフレーム

滑りにくいウェーブ状の持ち手は、天候の変わりやすいフィールドでも快適な使い心地。刃芯に何十層ものダマスカス鋼を重ねたナイフは、単層構造の素材に比べて硬度があり、刀身の狂いが少ないのも特徴だ。簡易シース付き

▲

ライトマイファイヤー／ファイヤーナイフ

¥4,800

ブレード：約100mm
重量：約94g
材質：ステンレススチール（ブレード）、TPE（グリップ）、
マグネシウム合金（ファイヤースターター）
問：ハイマウント

グリップ部にスウェーデン軍が開発したファイヤースターターが内蔵されたナイフは、キャンプだけでなく、防災にも役立つ銘品。高品質なステンレスナイフは切れ味も良く、枝切りから食材カットまで幅広く活用できる

▲

レザーマン／サイドキック

¥10,000

ブレード：約66mm
重量：約198g
材質：420HCステンレススチール（ブレード）、ステンレススチール（本体）
問：ハイマウント

ナイフ、ペンチ、ワイヤーカッターなど、14種類がセットになった便利ツールは、初心者にも使いやすいデザイン。片手で簡単に広げられるナイフや、栓抜きと六角ビットドライバーを装備した付属のカラビナなど、アイデアも満載

◀

オプネル／シェフナイフ&プロテクトフィンガー

¥3,800

ブレード：約100mm
重量：シェフナイフ約70g、プロテクトフィンガー約10g
材質：ステンレススチール（ブレード）、ブナ材・ポリプロピレン（グリップ）
問：ハイマウント

家族みんなで調理を楽しむなら、子どもも使えるデザインを。刃先を丸めた設計と、指を入れて固定できるリングが特徴のこのモデルは、逆側の指を保護するプロテクトフィンガー付き。これなら包丁に不慣れな小さな子どもも安心

Cooking Tool

[調理器具]

**ダッチオーブンやクッカーと並び、
美味しくて楽しいアウトドア料理をサポートする調理器具の数々。
スマートに持ち運べる軽量コンパクトなモデルがオススメだ。**

Text by Akemi Kan　Photo by Junji Kumano

Point_2

収納時のコンパクトさは？

快適キャンプは荷物の軽減が必須
項目。寝袋やテントはコンパクト
さも限られているので、調理器具
などで荷物増量を防ごう

プリムス／CF プレップセット

¥8,000

収納サイズ：約φ8×25㎝
重量：約357g
セット内容：ナイフ、ターナー、スプーン、
フォーク、チーズグレーター
問：イワタニ・プリムス

ケースに入れてクルクルっと丸めるだ
けで、料理に欠かせないアイテムをス
マートに持ち運べるプレップセットは、
使い勝手も抜群！　チーズグレーター
まで付いているので、ちょっとおしゃ
れなキャンプ料理も楽しめる

Point_1

必要な物だけを厳選！

お気に入りの道具があれば調理意
欲も湧いてくるもの。最低限で構
わないので、上質で長く愛用でき
るアイテムを選ぶのが賢明だ

ゴースタック／スターターキット

¥1,850

収納サイズ：約φ5.8×23㎝
重量：約170g
セット内容：150ccケース、100ccケース、
60ccケース、40ccケース、ハンドル
問：モチヅキ

密封性が高く、食材の匂いも外に漏
れない携帯用ケースは、調味料やサプリ
メントなどの持ち運びに最適。ツイス
トロックシステムでケース同士を連結
できるので、自分好みにアレンジが可
能だ。衝撃に強いのも頼もしい

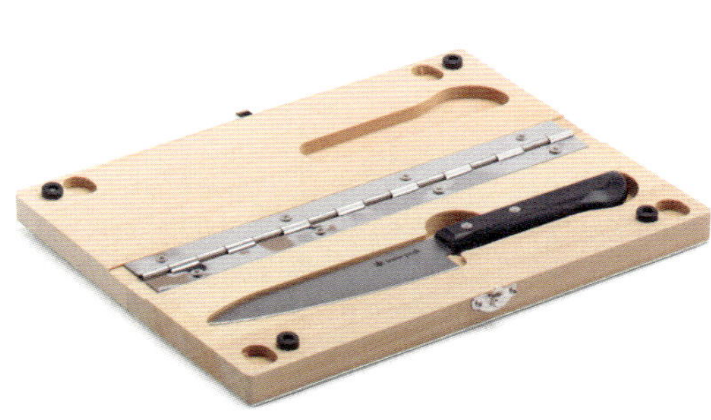

スノーピーク／マナイタセット M

¥3,800

収納サイズ：約25.6×10×3.4㎝
重量：約470g
セット内容：まな板、包丁
問：スノーピーク

包丁とまな板を同時に持ち運べる便利アイテム。
包丁はマグネットで固定されているので落下の
心配もなく、四隅の滑り止めゴムによりカット
作業もスムース。同ブランドのアイアングリル
テーブルにぴったりはまるLサイズも展開

ユニフレーム／fanツールセット オレンジ

¥3,241

収納サイズ：約20.5×39×7.5㎝
重量：約395g
セット内容：ペティナイフ、まな板、レードル、
ターナー、トング
問：ユニフレーム

切り離れもよく使いやすい穴あきのペティナイ
フや、柔らかくしなるまな板など、キャンプ場
での使い勝手を考慮したデザイン。火起こしか
らバーベキューまで活躍するトングも料理の必
需品。カラフルな色合いだから識別もしやすい

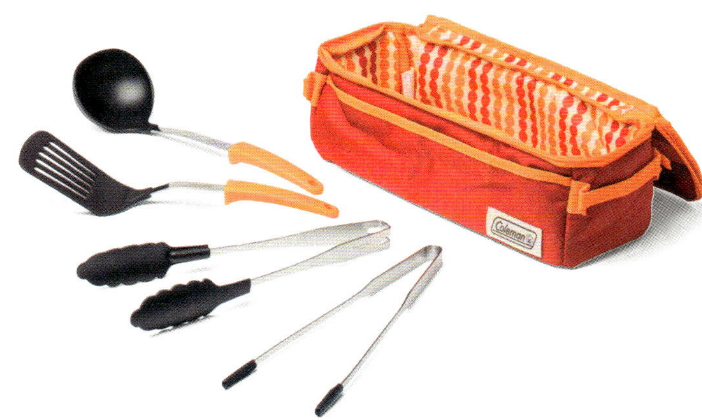

コールマン／クッキングツールセットⅡ

¥3,480

収納サイズ：約12×32×12cm
重量：約540g
セット内容：ターナー、レードル、トング、菜箸トング
問：コールマンジャパン

焚き火に使える菜箸トングや汁物に欠かせないレードルなど、調理に最低限必要な道具がひとつになったツールセットは、初心者キャンパーにもおすすめ。専用ケースが付いているので、うっかり紛失する心配も無用だ

GSI／パックキッチン8

¥3,200

収納サイズ：約19×12.5×6cm
重量：約104g
セット内容：パックスパチュラ、パックスプーン、ウルトラライトソルト＆ペッパーシェイカー、液体調味料入れ×2、キャンプタオル、スポンジ、メッシュバッグ
問：エイアンドエフ

スパチュラやスプーンの調理道具だけではなく、調味料や料理後の後片付けまで、すべてをまかなえる8点セット。通気性のいいメッシュバッグにまとめて収納できるので、道具も識別しやすい。保管や持ち運びも便利だ

ライトマイファイヤー／カッティングボードプラス

¥600

サイズ：約15.8×14.8×0.3cm
重量：約45g
問：ハイマウント

キャンプでは、ちょっとしたものをカットできる手の平サイズのまな板もあると便利。水切り付きなので、茹でた少量の野菜など、ザルを使わずすぐにお皿へ並べられ、洗い物も少なくて済む。軽くて丈夫な素材もうれしい

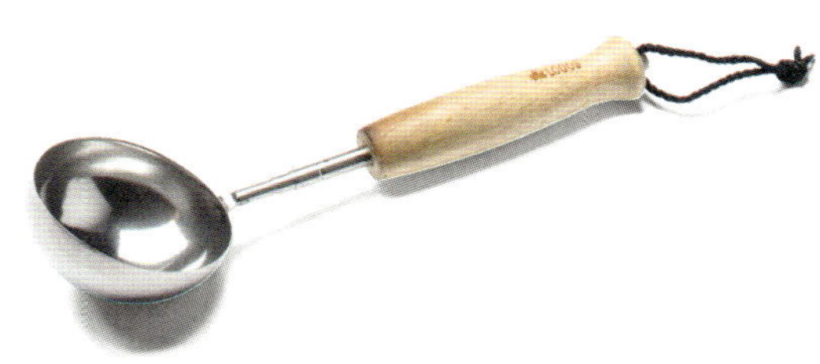

ロゴス／のびタマロング

¥1,890

収納サイズ：約27.6cm
重量：約130g
問：ロゴスコーポレーション

約28cmのコンパクトサイズで持参できる上、使用時には最大54cmまで伸ばせるおたま。ダッチオーブンの吊り鍋料理など、少し離れた場所にある鍋でも使いやすいのがポイント。使うほどに味わいが増すウッドハンドルも◎

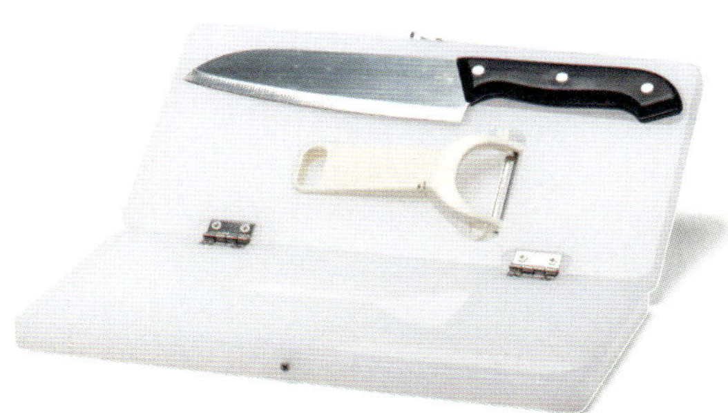

ロゴス／ニューPKまな板セット

¥4,200

収納サイズ：約30×15.25×3cm
重量：約1,200g
セット内容：まな板、包丁、ピーラー
問：ロゴスコーポレーション

水はけが良く、お手入れも簡単なポリエチレン素材の折りたたみ式まな板に、ピーラーと包丁をセット。包丁とピーラーはまな板内部に収納できるため、持ち運び時も安全。スペースを有効活用することで、荷物軽減にも繋がる

テンマク デザイン／ひのきのまな板

¥1,980

収納サイズ：約34×21.5×1.5cm
重量：約550g
問：カンセキ

使用しない時も邪魔にならず、テーブルを有効に使える自立式。2枚まで連結できるので、大きな魚や肉の調理にも便利だ。四国・四万十のひのきを使用しており、ひのき自体がもつ抗菌抗カビ作用、黒ずみ防止も期待できる

Cutlery

[カトラリー]

食卓を華やかに演出するプレートやカップは、
自分の好きなキャンプスタイルや個性を表現しやすいアイテムのひとつ。
機能性だけではなく、テンションの上がるデザインを選びたい。

Text by Akemi Kan　Photo by Junji Kumano

Point_3

セットなら収納も楽々

数名分の食器がセットになった便
利アイテムがあれは、持ち運びが
容易なだけではなく、テーブルに
も統一感を出しやすい

Point_1

サイズとセット内容を確認

肉料理からスープまで、すべての
料理をストレスなく食べるには、
プレート、ボウル、カップの3種
類の食器がほしい。取捨選択を

キャプテンスタッグ／ウエストホーロ食器セット

¥10,000

サイズ：ラウンドプレート約22㎝、
ボール約15㎝、マグカップ約350㎖
重量：約2.8kg
材質：ほうろう用鋼板、ステンレス鋼（フチ巻）
問：キャプテンスタッグ

Point_2

材質によって重さも変わる

アウトドア用に販売されている食
器は、ステンレス、プラスティッ
ク、ホウロウなど素材もいろいろ。
重さや強度も異なる

キャンプサイトに温かみを加えてくれるホウロウ食器は、
愛用する人も多数。プレートとボール、マグカップがあれ
ば、どんな料理にも対応できる。4つずつ入っているので
家族にも最適。まとめて持ち運びできるケース付き

スノーピーク／テーブルウェアーセット L

¥3,900

サイズ：約φ18×4.6㎝（ボールL）、約φ20.9×4.0㎝（ディッシュ）、
約φ21.2×1.8㎝（プレートL）、φ約18.9×1.4㎝（プレートM）
重量：約440g
材質：ステンレス
問：スノーピーク

大小4種類のプレートをひとつに重ねて携行できるテーブ
ルウェアーセットは、各自の道具を持ち寄る仲間とのキャ
ンプでも活躍。軽量なステンレス製は使い勝手もよく、使
用する人数に合わせて買い足していくのもオススメ

ユニフレーム／fanカトラリーセット R

¥5,463

サイズ：約φ8.0×23.6㎝
重量：約870g
材質：ステンレス、天然木
問：ユニフレーム

4人分の本格的なカトラリーを収納するステンレス製のケ
ースは、そのまま食卓に並べられる上質さ。フタの部分に
は水切り穴が付いているので、洗い終わったカトラリーの
乾燥にも便利。天然木を使用したハンドルも握りやすい

スタンレー／
クラシック真空ボトル1.9L

¥7,600

サイズ：約φ11.7×37cm
重量：約1,100g
材質：ステンレス、ポリプロピレン
問：ビッグウイング

1913年にアメリカで誕生した「スタンレー」の水筒は、真空断熱ボトルの先駆け的存在。保温・保冷力に優れるだけではなく、その耐久性もポイント。多数のモデルがあるなか、最大容量をもつのがコレ。ファミリーキャンプにも最適だ

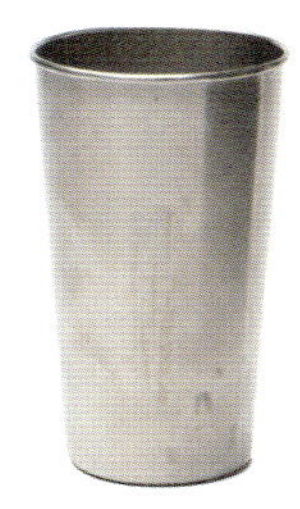

プリムス／パイントカップ ステンレス

¥1,750

サイズ：約φ9.0×25.0cm
重量：約110g
材質：ステンレス
問：イワタニ・プリムス

スウェーデンの料理人たちが加わり、機能的で洗練されたアイテムを展開する "キャンプファイヤ・シリーズ" から登場しているこのカップは、潔いシンプルさが魅力。冷えたドリンクを美味しく頂けるステンレス製

コールマン／カトラリーセットⅣ

¥4,980

サイズ：約23.5×9×7cm（各カトラリー約20cm）
重量：約600g
材質：ステンレス、天然木
問：コールマンジャパン

4人用のスプーン、ナイフ、フォーク、箸のセットはファミリーキャンプでも活用しやすい。天然木を使った取手も肌に馴染みやすく、自宅と同じ感覚で料理を頂ける。付属のメッシュケースは水切れも抜群

ロゴス／
箸付きディナーセット4人用

¥2,700

収納サイズ：約22×22×14cm
重量：約1,000g
材質：ポリプロピレン、ポリスチレン
問：ロゴスコーポレーション

3種類の食器にスプーン、フォーク、箸まで付いた充実の4人用セット。これさえあれば、すべての料理を美味しく頂くことができる。子どもも安心して使える素材と、低コストも魅力。収納袋が付いているので、持ち運びも容易だ

チャムス／
ブービーシェラカップ

¥1,200、L¥1,800

サイズ：約φ12×4.5cm、φ14×6cm（L）
重量：約84g、約150g（L）
材質：ステンレス
問：チャムス表参道店

軽量で直火もOKなシェラカップは、料理だけではなく、カップやスープ皿にも活用できる優れもの。目盛り付きなら、お米を炊いたり、ドレッシング作りなど、多彩なシーンで使える。カラビナに取り付けられるので、保管も簡単だ

コールマン／
ノルディック
カラープレート 4PC

¥1,180

サイズ：約25×25×2cm
重量：約116g／1枚
材質：ポリプロピレン
問：コールマンジャパン

一皿116gの軽量プレートは、落としても割れにくいポリプロピレン素材。子どもが使いやすい上、4色展開でマイプレートの識別も簡単。スタッキングできるので、買い足す時にも便利だ。食器洗浄機（上段）にも対応している

缶詰博士
黒川勇人さん

「缶詰博士」の愛称で、2004年から世界中の缶詰を紹介する『缶詰blog』を執筆。趣味のキャンプでも缶詰料理の腕を振るう。新著『旬缶クッキング』（春風亭昇太氏共著・ビーナイス刊）他、著書多数。http://blog.goo.ne.jp/hayatinocans

この人に聞きました！

これを知っていれば脱ビギナー！

"CAN"P料理に挑戦！

キャンプ場に向かう道中でも手に入れやすい缶詰は、じつはキャンプにぴったりの食材。手軽で美味しい缶詰活用レシピをマスターしよう。

Text by Kei Ikeda　Photo by Hiroyuki Usami

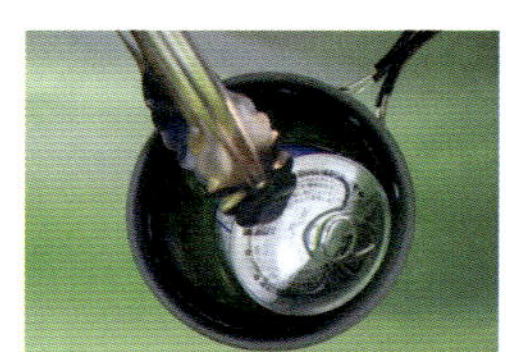

缶詰×キャンプ料理 **Point 3**

湯煎は火を止めて3分が目安

温めて食べたい時は缶ごと湯煎する。お湯が沸騰したら火を止め、余熱で3分（大きい缶は4分）が目安となる。取り出す際は火傷に注意しよう

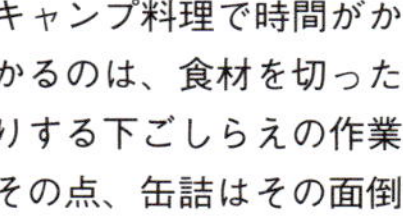

缶詰×キャンプ料理 **Point 2**

調理道具はシンプルなもので十分

下ごしらえが必要ないので、調理工程が減る＝調理道具も最小限で済む。ここで紹介するレシピは、小さなコッヘルとバーナーさえあれば必要十二分！

缶詰×キャンプ料理 **Point 1**

缶詰は下ごしらえが済んだ食材である

キャンプ料理で時間がかかるのは、食材を切ったりする下ごしらえの作業。その点、缶詰はその面倒な手間を省くことができるお手軽食材なのだ

Recipe_1

やきとりオープンサンド

材料（2〜3人分）

ヤキトリ缶（塩味）…1缶
ホールトマト缶…適量
バゲット（1cmスライス）…6枚
ニンニク…1片
黒コショウ…適量

作り方

1. ヤキトリ缶は湯煎で温めておく。

2. ニンニクを横半分に切り、断面をバゲットの片面にこすりつける。そこにホールトマトを塗る。

3. ヤキトリを②にのせ、黒コショウをかければ缶成！

缶詰豆知識

ホテイフーズ「やきとり塩味」

甘じょっぱいタレ味がポピュラーですが、料理に使うのならば塩味がオススメ。現在は機械が導入されていますが、昔は毎朝七輪で炭を熾して従業員総出で焼いていたそうです

Check!

トーストするとさらに美味

バゲットはあらかじめ自宅でカットしてくると調理がスムース。フライパンで軽く空焼きすれば、香ばしさが加わってさらに美味しい

Recipe_2

カキ燻とナスのカポナータ

材料（2人分）

カキ燻製油漬缶…1缶
ナス（一口大カット）…1本
ニンニクみじん切り…適量
ホールトマト缶…1缶
（やきとりオープンサンドの残りを使用）

塩…少々
唐辛子…少々

作り方

1. 鍋に缶詰の油だけを入れ、その油でニンニクとナスを炒める。

2. ナスを一旦取り出してホールトマトを入れ、弱〜中火でかき混ぜながら5分煮詰める。

3. ナスとカキを入れて、塩、唐辛子で味を調え、1分ほど煮れば缶成。冷めても美味！

缶詰豆知識

竹中缶詰「天の橋立 かき燻製油づけ」

軍用食も作っていた京都丹後地方の老舗。久見浜湾で養殖された上質のカキを使っています。使われる油も綿の実を搾って作る希少な綿実油。割烹店でも使われる高級油です

Check!

オイルには旨味がたっぷり

燻製の香りが食欲をそそるオイルには、カキの旨み成分がたっぷりと溶け出している。捨てずに利用しよう。別の料理に活用してもいい

Recipe_3

ツナとアボカドのタルタル

材料（2〜3人分）

ツナ（ノンオイルか油控えめタイプ）
…1缶
アボカド…1個
レモン果汁…1/2個
マヨネーズ…小さじ1

作り方

1. ボウルにレモン果汁とマヨネーズを入れてよく混ぜる

2. アボカドの皮と種を除いて1cm角に切る。ツナとともに①に入れ、和えれば缶成！

缶詰豆知識

ホテイフーズ「液切りいらずのしっとりツナ油漬」

ツナ缶はノンオイルタイプよりも、油入りのものが断然美味い！ 焼き鳥が有名な同社ですが、ツナ缶も秀逸。これは油控えめで液切りの手間なしで使えます。化学調味料も無添加

Check!

アボカドの種の簡単な取り出し方

アボカドを縦半分に割り、包丁の根元の部分を種に刺して軽くひねると、あら不思議。コロリと種が外れる。あとはスプーンでかき出すだけ

Recipe_4

ラムタンのクミンシード焼

材料（2〜3人分）

国分　缶つま匠・
ラムタン香草焼風…1缶
クレソン…適量
クミン（パウダー）…適量

作り方

1. 小さめのフライパンに茎ごとざく切りにしたクレソンと、缶詰を汁ごと入れ、クミンを全体にかける。

2. フタをして弱〜中火で加熱する。クミンのいい香りがしたら缶成！

国分「缶つま匠・ラムタン香草焼風」

これは僕が監修した缶詰のひとつです。食感と香りが特徴的な、ちょっと珍しいラム肉のタンを使用。ラム×スパイスの相性抜群。湯煎してそのまま食べてもお酒が進む1缶です

Check!

乾煎りして香りを引き出す

スパイスは熱を加えることで香りが増す。後から足すのが手軽な使い方だが、余裕があるなら初めに空炒りするとより香りを引き出せる

Recipe_5

ハニーベーコンマッシュ

材料（2人分）

国分　缶つまレストラン・
厚切りベーコンの
ハニーマスタード味…1缶
インスタントのマッシュポテト…適量

作り方

1. インスタントのマッシュポテトに水を加え、好みの固さに仕上げる。

2. 戻したマッシュに缶詰を汁ごと加え、ざっくり混ぜれば缶成！好みでマヨネーズを加えてもOK。

国分「缶つまレストラン・厚切りベーコンのハニーマスタード味」

缶つまはちょっと贅沢な気分を味わえる人気シリーズ。100を超えるラインナップの中でも、これは常に上位にランクインするそうです。極厚ベーコンのゴロゴロ感がたまりません

Check!

戻す時は缶詰の汁も利用する

水分と一緒にソースも加えながら戻すと、ポテトが旨味をよく吸い込む。また、食前にフライパンで温めると油が溶けてさらに美味！

Recipe_6

スパムがゆ

材料（2〜3人分）

SPAM® 減塩
（340g缶）…1/2缶
大根…スパムと同量

無洗米…1/2合
水…600㎖

作り方

1. 米と水を鍋に入れ、30分浸けておく。

2. 大根を皮ごと1㎝角に、スパムも1㎝角にカットし、①に入れてフタをして中火に掛ける。沸騰したらフタを開け、時々底からかきまぜて焦げつかないようにする。

3. 20分〜30分で炊き上がるので、好みの固さに仕上げれば缶成！ 大根の葉があったら塩揉みして刻み、トッピングに使うと美味。

缶詰豆知識

ホーメルフーズ「スパム®減塩」

じつは「スパム」とはホーメル社の商標で、一般名称はポークランチョンミートといいます。おかゆに使うなら定番品より塩気を減らした減塩タイプがちょうどいいでしょう

Check!

大根とスパムのマッチング！

大根はスパムの強い風味を驚くほどマイルドにしてくれる。皮にうまみがあるので、よく洗って皮ごと使うのがおすすめ。生ゴミも出ない

Recipe_7

カップケーキのブルーベリーがけ

材料（2人分）

トーヨーフーズ
どこでもスイーツ缶・
カップケーキ（チョコ風味）…2缶
国分　K&K 国産ブルーベリー…1缶

作り方

1. カップケーキの紙カップをはがして皿に乗せる

2. ブルーベリー缶を汁ごと①にかければ缶成！

缶詰豆知識

トーヨーフーズ「どこでもスイーツ缶・カップケーキ」

フルーツ以外にも甘い缶詰はあるんです。生地を封入した状態で缶ごと焼き上げるので、水分が逃げずしっとり。開けた時にラム酒の香りが立ち上がり、贅沢な気持ちになります

Check!

汁も全部使うこと

今回のブルーベリー缶は汁まで美味い。果汁を吸わせたケーキ生地は、またひと味違う食感を楽しめる。ドリンクやカクテルに使うのもあり

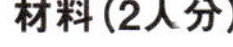

lantern

[ランタン]

自然の中で、夜を優しく照らすランタンの光は、
非日常的で心地よく、まさにキャンプの醍醐味とも言える。
灯りの大切さをも教えてくれる夜は、ランタンがなくては始まらない。

Text by Akemi Kan　Photo by Junji Kumano

コールマン／ワンマントルランタン

¥12,800

サイズ：約φ16×31㎝
重量：約1,400g
明るさ：約200CP
燃焼時間：約7.5〜15時間
燃料：ホワイトガソリン
問：コールマンジャパン

ホワイトガソリンを使ったランタンは
点灯にコツがいるものの、独特の柔ら
かい光が魅力で、多くのキャンプ好き
を虜にする。ちょうどいい明るさをも
つこのモデルは、ロングライフデザイ
ン賞も受賞しており、実力も最強

ユニフレーム／
フォールディングガスランタン
UL-X クリア

¥10,186

サイズ：約φ13.5×35.5㎝
重量：約1,400g
明るさ：約240W相当
燃焼時間：約4〜5時間
燃料：ガス
問：ユニフレーム

カセットボンベを使用するラン
タンは、燃料の調達が容易なの
もポイント。低燃費と高照度を
両立させたこのモデルは、一台
でサイト全体を照らせる照度を
もつ。自動点火の難しい状況で
は、ライターで直接着火も可能

コールマン／IL ルミエールランタン

¥6,980

サイズ：約φ7.3×6×18.3㎝
重量：約210g
燃焼時間：約28〜38時間
燃料：LPガス
問：コールマンジャパン

アウトドアとインドアのボーダレスな
スタイルを提案するインディゴシリー
ズは、コールマンのもつ機能と洗練さ
れたデザインが融合したアーバンスタ
イル。ガラス部分のプリントはキャン
プ場に華を添えてくれる

キャプテンスタッグ／
テラパワーガスランタン（L）

¥18,000

サイズ：約φ20×23㎝
重量：約1,500g
明るさ：約1,150ルクス
燃焼時間：約2時間40分〜3時間
燃料：LPガス
問：キャプテンスタッグ

点火時には280W相当、平均で約230Wの明るさをもつ
ガスランタンは、全体照明に最適。キャンプサイトを鮮烈
な光で照らしてくれる。圧電点火装置付きなので、ライタ
ーなどは不要で点火可能。収納・携帯にも便利なケース付き

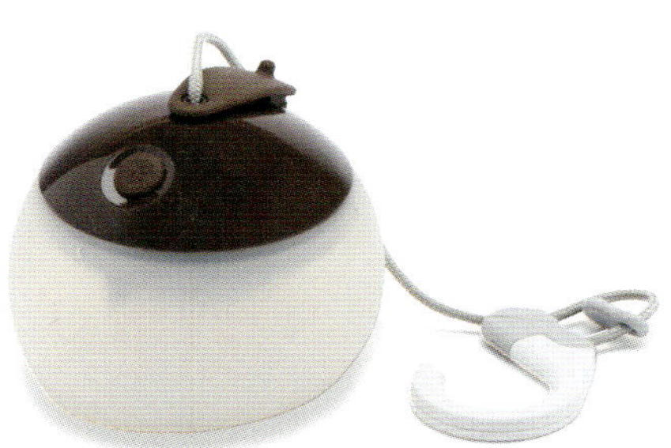

スノーピーク／
ほおずき つち

¥9,800

サイズ：約Φ10.7×8.7㎝
重量：約165g
明るさ：100ルーメン
点灯時間：約19時間
バッテリー：単3アルカリ電池×3本
問：スノーピーク

風に反応する「ゆらぎモード」に加え、辺りが静かになると薄明かりになる「おやすみモード」が搭載された小型ランタン。長さを調整できるコード付きなので、ダイニングやテント内など、シーンを問わず活用できる

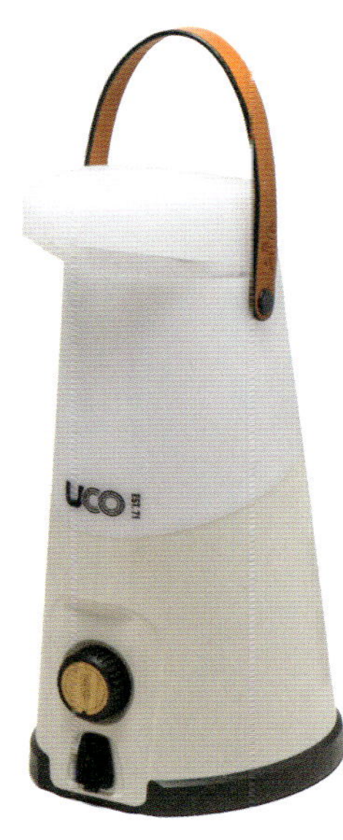

▲ ユーコ／シトゥカ

¥10,000

サイズ：φ17.7×31.8㎝
重量：約1,900g（乾電池含む）
明るさ：約500ルーメン
点灯時間：33時間（ハイビーム）〜200時間（ロービーム）
バッテリー：単1アルカリ電池×6本
問：モチヅキ

キャンプを盛り上げるスタイリッシュなデザインは、LED灯が直接目に入ることも少ないのが特長。ヘッドを最高66㎝まで伸ばせるので、上からテーブルを照らすことも可能だ。モバイルの充電もできる

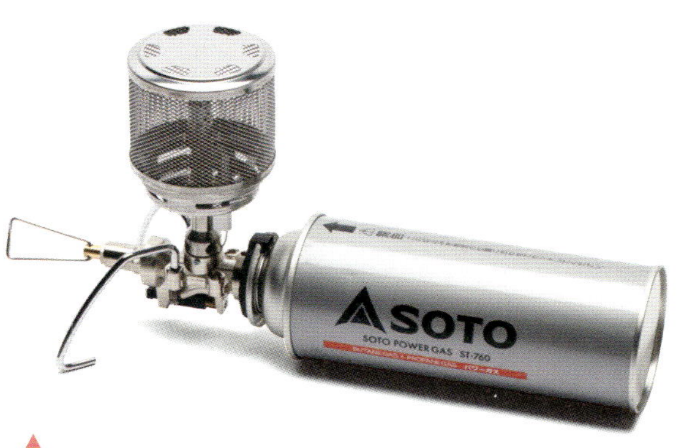

SOTO／
レギュレーターランタン
ST-260

¥7,000

サイズ：約10×13×15㎝
（収納時：6.5×10.5×15㎝）
重量：約247g
明るさ：約150ルクス
燃焼時間：約4.5時間
燃料：LPガス
問：新富士バーナー

ランタンの高さが気になる人は、ロースタイルタイプをチョイス。どんな場面でも安定した光量を放つこのモデルは光量の微調整がしやすいのも特長。ホヤは衝撃に強いメッシュタイプが採用されている

▲ ロゴス／
パワーストックランタン1000

¥19,000

サイズ：約 12×5.3×12.5㎝
重量：約500g
明るさ：約1200ルーメン
点灯時間　約4時間（強モード）〜10時間（弱モード）
バッテリー：AC100Vコンセント及びDC12Vシガーソケット
問：ロゴスコーポレーション

驚異的な明るさをもつLEDランタンは、AC&DC電源用ジャックと2つのUSBポードを装備。使用中も電気機器を充電できる。明るさは10段階に調節可能。吊り下げや角度調整もできるので、どこでも使える

▲ コールマン／
バッテリーロック
コンパクトランタン

¥3,480

サイズ：約φ11×19㎝
重量：約520g
明るさ：約400ルーメン
点灯時間：約28時間（Highモード）〜約320時間（Lowモード）
バッテリー：単1アルカリ電池×3本
問：コールマンジャパン

ひねるだけの簡単操作で、電池と電極を離す「バッテリーロック」システムを搭載。不使用時の過放電による電池の液漏れや消耗を防いでくれるので、電池が長持ちする。コンパクトなのに十分な明るさも確保

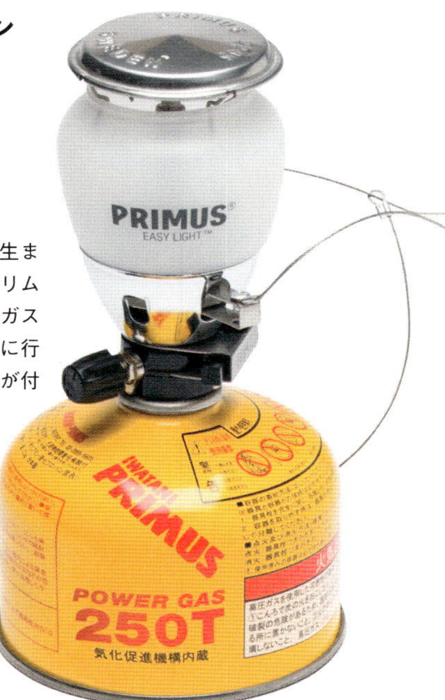

▲ プリムス／2245ランタン

¥10,500

サイズ：約φ8.3×12.7㎝
重量：約200g
明るさ：約370ルクス
燃焼時間：約8時間
燃料：ガス
問：イワタニ・プリムス

1892年にスウェーデンで生まれた燃焼器具メーカー「プリムス」で、長年愛されているガスランタン。吊り下げを簡単に行えるワイヤーサスペンダーが付いているので、場所を問わず使用可能。スリガラスによる優しい光もいい

Head Lamp

[　ヘッドランプ　]

暗闇を快適に照らしながらも、両手を自由に使うことができるヘッドランプは、
夕食の準備やサイト内の移動、テント内での作業など、多くのシーンで活躍。
かなり便利に使えるので、一人一台は装備しておくといい。

Text by Akemi Kan　Photo by Junji Kumano

▲
プリンストンテック／バイト

¥4,200

重量：約64g
最大光束：約70ルーメン
点灯時間：約3時間（Highモード）〜80時間（Lowモード）
バッテリー：単4電池×2本
問：ビッグウイング

世界最高のライト作りに取り組む「プリンストンテック」は、アメリカでシェアNo.1の実績を誇る人気ブランド。特殊部隊のSWATにも採用されるなど、その実力はお墨付き。軽量・コンパクトなこのモデルは使い勝手もいい

Point_1

最大ルーメン数をチェック

ヘッドランプの明るさは、一般的に「光の明るさの総量」を示すルーメンという単位で表示される。数字が大きいほど明るい

Point_2

使用バッテリーの種類をチェック

多くのモデルはアルカリ乾電池、リチウム電池が主要バッテリー。ヘッドランプの重さに関わってくるので、何本必要かもチェック

▲
**ホールアース／
ウォータープルーフヘッド＋＋**

¥4,200

重量：56g
最大光束：約311ルーメン（ブライドモードボタン使用時）
点灯時間：約5時間（Highモード）〜120時間（Lowモード）
バッテリー：単4電池×3本
問：フラッグ

キャンピングギアとアパレルを展開する「ホールアース」は、シンプルなデザインに快適性と機能性を取り入れたプロダクトが得意。IPX6の防水性をもち、ベーシックな機能だけを取り入れたモデルは初心者でも使いやすい

▲
モンベル／ミニ ヘッドランプ

¥1,500

重量：約27g
最大光束：約20ルーメン
点灯時間：約40時間（Highモード）〜72時間（電球色モード）
バッテリー：コイン形リチウム電池×2個
問：モンベル

電池を装着してもわずか32gの超軽量ヘッドランプは、バッグのサイドポケットに入れてもかさばらず、荷物軽減に最適。歩行を目的とした白色LEDとテント内での食事などに役立つ優しい光の電球色LEDを使用できる

▲
ユーコ／ハンドレッド

¥3,800

重量：約87g
最大光束：約100ルーメン
点灯時間：約6時間（ハイビーム）〜75時間（ロービーム）
バッテリー：単4アルカリ電池×3本（付属）
問：モチヅキ

上品なグレーシャンブレーの他にも、バンダナ柄やハワイアン柄など、個性豊かなバンドを選べるこのモデルは、ヘッドランプにもおしゃれさを求めたい人にオススメ。明るさは上部のボタンで3段階に調整できる

ストリームライト／エンデュロ ヘッドランプ

¥3,500

重量：約79g
最大光束：約14.5ルーメン
点灯時間：約6時間（Highモード）
〜12時間（Lowモード）
バッテリー：単4電池×2本（付属）
問：飯塚カンパニー

1mの水深に1時間水没させても浸水しない防水性の高さと、衝撃に強いABSプラスチックのボディが特徴。軽量でコンパクトなこのモデルは、ライト部分だけを取り外して帽子の先端などに付けることもできる

コールマン／バッテリーロックヘッドランプ／150

¥2,480

重量：約76g
最大光束：約150ルーメン
点灯時間：約6.5時間（Highモード）
〜66時間（Lowモード）
バッテリー：単4電池×3本
問：コールマンジャパン

適度な明るさをもつヘッドランプは、キャンプから野外のアクティブシーンまで幅広く対応。照射距離は約60m。過放電による液漏れを防ぐバッテリーロックシステム付き。保管時の電池を長持ちさせてくれる

ペツル／イーライト

¥3,000

重量：約26g
最大光束：約50ルーメン
点灯時間：約9時間〜12時間
バッテリー：リチウム電池×2個（付属）
問：アルテリア

すぐに使用できる状態で10年間保存できる上、伸縮性のヘッドバンドの後部にはホイッスルを装着。超軽量でコンパクトなこのモデルは、キャンプだけでなく登山の予備ランプや、災害などへの備えとしても最適

ロゴス／防雨メタルウルトラビーム400

¥3,600

重量：約130g
最大光束：約400ルーメン
点灯時間：約1時間（強モード）
〜3.5時間（弱モード）
バッテリー：単4電池×3本
問：ロゴスコーポレーション

ブランド内最高レベルの明るさをもつこのモデルは、ズーム機能付きで必要箇所に光を集中させることも可能。調整ベルトが付いているので、うつむいてもズレにくく、頭にフィット。ヘルメットにも装着しやすい

モンベル／パワー ヘッドランプ

¥2,900

重量：約57g
最大光束：約160ルーメン
点灯時間：約40時間（Highモード）
〜120時間（電球色モード）
バッテリー：単4電池×3本
問：モンベル

十分な明るさと長時間使えるパワー、さらに照射距離も110mあり、広々としたキャンプ場や連泊での使用も安心。収納中の誤作動を防止するダブルクリック点灯や、突然の雨にも対応するIPX6の防水仕様

マイルストーン／MS-E1

¥6,800

重量：約165g
最大光束：約250ルーメン
点灯時間：約12時間（Highモード）
〜73時間（Lowモード）
バッテリー：単3電池×3本
問：マイル・ストーン

高い防水性能をもつこのモデルは、ローモードから点灯し、状況に合わせて光量を選択。メモリーモードを搭載しているので、前回の明るさを記憶することもできる。カバンの中などのうっかり点灯も防ぐロック機能付き

これを知っていれば脱ビギナー!

ロープの結び方

ロープが自在に使えるとキャンプはより快適になる。
ここでは、実践的な基本の3つをご紹介しよう。
目を閉じてもできるくらい、繰り返し練習してみよう。

Text by Kei Ikeda　Photo by Hiroyuki Usami

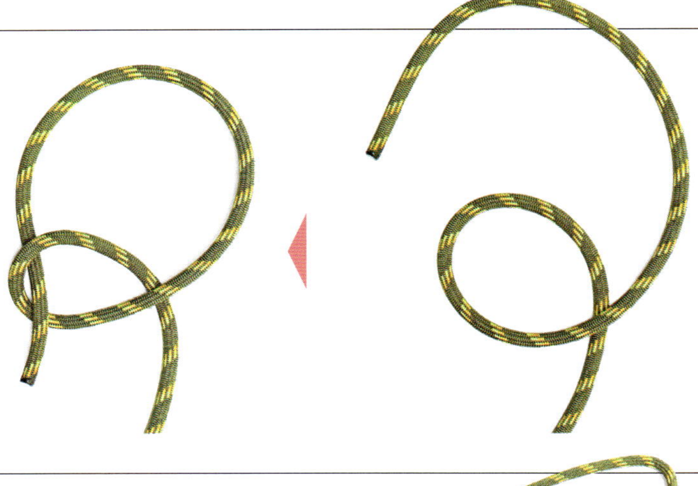

How to_1

まずはこれだけでも覚えたい

もやい結び

世界中のフィールドでさまざまな用途に使われている、まさに結び方の王様。何かにロープを結ぶなら、まずはこれが基本。この結び方からロープワークが始まると言っても過言ではない

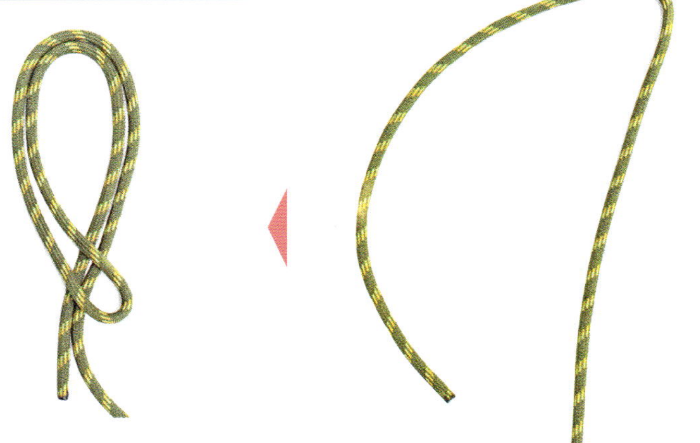

How to_2

輪を作りたいならこれ!

二重8の字結び

その名のとおり、8の字に結ぶ方法。タープのポールなど、ロープの先端に何かを通すための輪を作りたい時にどうぞ。クライマーの命綱を結ぶ時にも使われる信頼性の高い結び方だ

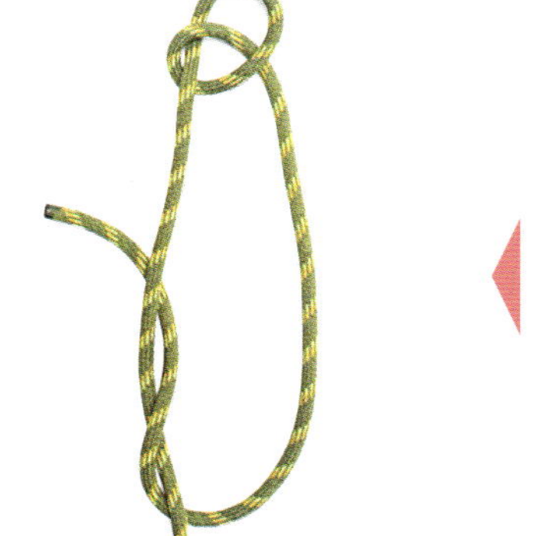

How to_3

結んだ後も長さ調整ができる

自在結び

ロープのテンションを調整しながら張ることができる結び方。結んで固定したあとでも長さを自在に調整できるため、テントやタープをきれいに張るためにもぜひマスターしたい

きれいに張られたロープは
ビギナーを卒業した証

キャンプをしてみると、ロープをビシッと張るのは意外に難しいことに気がつく。しっかりとロープが張れていないと、テントもタープもなんだかカッコよく立てられない。さらにしっかり立てられていないと、いくら高機能なギアを揃えても、それらが性能を最大限に発揮することができなくなってしまう。

きれいに張れない原因の多くはロープの結び方にある。普段使い慣れているであろう固結びや蝶々結びでも、もちろん結ぶことはできる。しかし、アウトドアではより機能的かつ便利（設営時にしっかり固定できたり、撤収時に解きやすかったり）な結び方が古くから使われている。難しいものではないので、まずは下の3つの結び方だけでも覚えていただきたい。

ロープワークをマスターするのに大事なのは、現場で実際にいろいろな結び方を使ってみること。自分で手を動かしてみれば、どの用途に、どの結び方が必要なのかが、自然と理解できるはずだ。自在に使いこなせるようになると、設営や撤収が驚くほど早くなる。なにより、きれいに張られたテントやタープこそ、あなたがビギナーを脱出した証となるのだ。

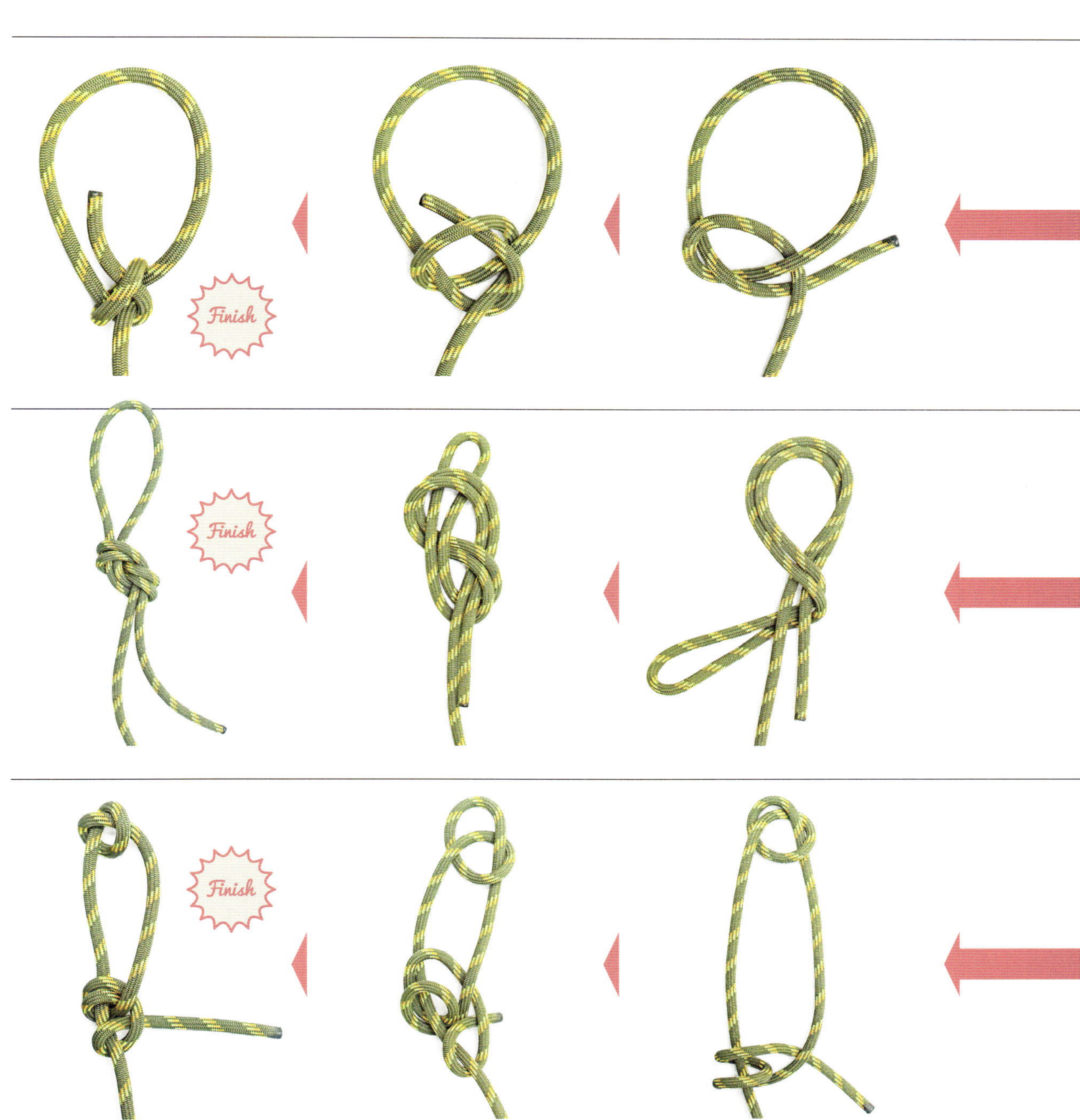

Cooler Box

[クーラーボックス]

食材の鮮度を保つクーラーボックスは、夏キャンプの必需品。
キンキンに冷えたドリンクを詰め込めば、野外バーベキューも一層楽しい!
使用人数や自宅での収納スペースも考慮して選ぶのが賢明だ。

Text by Akemi Kan　Photo by Junji Kumano

Point_1

タイヤとハンドルの有無を確認

保冷力に優れたハードクーラーは、大容量になると重量も増え、運搬も大変に。片手で引っ張りながら移動できるハンドル＆タイヤがあると便利だ

Point_2

50ℓが4人家族1泊2日の目安

一般的な目安として、4人家族で1泊2日を過ごすなら50ℓ弱で十分。人数が増えたり、長く滞在する場合は、この目安を基準に容量を調整しよう

**ホールアース／
キャリーハードクーラー（47L）**

¥12,800

サイズ：約63×35.8×38.3㎝
重量：約4.5kg
容量：約47ℓ
問：フラッグ

大容量のクーラボックスは便利だが、持ち運びにはひと苦労。そんな悩みを解決するのがキャリー付き。自然に馴染むアースカラーと無駄のないデザインは、シーンを問わず愛用できる。移動の多いキャンプフェスにも重宝する

**シアトルスポーツ／
ライトシーズニング ソフトクーラー**

¥12,800（40QT）

サイズ：約30.5×50.8×27.9㎝
重量：約1.542kg
容量：約37.8ℓ
問：エイアンドエフ

多数のアウトドアブランドを扱うエイアンドエフが、通常ラインとは異なる商品を展開する"ライトシーズニング"シリーズ。完全防水バッグで有名な「シアトルスポーツ」のソフトクーラーも普段使いにアップデート

**ロゴス／
ハイパー氷点下クーラーL**

¥9,500

サイズ：約39×30×29㎝
重量：約1.5kg
容量：約20ℓ
問：ロゴスコーポレーション

驚異の保冷力をもつハイパークーラーは、専用の保冷剤を使えばアイスクリームを最大11時間保存可能。太陽光を反射する表面生地や収納時は12.5㎝の薄さになるなど、夏場のキャンプを快適にする工夫が満載

▲

コールマン／アルティメイトアイスクーラーⅡ/35L

¥6,600

サイズ：約42×32×38㎝
重量：約1.4kg
容量：約35ℓ
問：コールマンジャパン

軽量でコンパクトに持ち運べるソフトクーラーは、お手軽キャンプやちょっとした外出にも最適。最高の保冷力をもつこのモデルは、冷気を逃さずドリンクを取り出せるポケット付き。収納時は約16㎝の幅まで縮小する

▲

チャムス／ハイウォータークーラーバッグ

¥9,800

サイズ：約37×35×21㎝
重量：約1.2kg
容量：約20ℓ
問：チャムス表参道店

カジュアルな雰囲気ながら、本格的なアウトドアシーンでも対応する機能をもつ「チャムス」のアイテムは、ファミリー層にも大人気。食材や飲み物も十分入るソフトクーラーは、ショルダー付きで持ち運びも楽々

◀

コールマン／ポリライト48

¥7,980

サイズ：約64×33.5×36㎝
重量：約3.9kg
容量：約45ℓ
問：コールマンジャパン

友だちや家族とワイワイ出かけるシーンで重宝するミディアムサイズ。クーラーボックスのド定番とも言えるシンプルな作りとカラーリングは、キャンプ以外のアウトドアレジャーでも大活躍しそう。最初の一台にもオススメだ

▶

コールマン／54QT 60TH アニバーサリースチールベルトクーラー

¥27,800

サイズ：約60×42×41㎝
重量：約7.5kg
容量：約51ℓ
問：コールマンジャパン

老舗ブランドのコールマンが、過去に展開してきたアイテムを現代に甦らせる "アメリカンヴィンテージシリーズ" はマニアの間でも大人気。第3弾として登場したこのモデルは重厚感のあるスチール製。ボトルオープナーも付いている

◀

キャプテンスタッグ／リガードホイールクーラー48L

¥15,000

サイズ：約58×39.5×43㎝
重量：約5.3kg
容量：約48.5ℓ
問：キャプテンスタッグ

5℃以下の温度を8時間キープするクーラーボックスは、さらに大容量の60ℓも展開。ホイール付きなら、車からキャンプサイトまでの移動も簡単だ。ハンドルは折り畳むことができるので、収納時も邪魔にならない。水抜き栓付き

Water Jug & Dust Box

[　水タンク&ゴミ箱　]

一般的なキャンプ場なら、水場やゴミ収集所を設置している場合がほとんどだが、
サイトが少し離れてしまうと、わざわざ水を汲みに行くのも億劫。
キッチン周りには調理に使える水と、分別用のゴミ箱があると重宝する。

Text by Akemi Kan　Photo by Junji Kumano

キャプテンスタッグ／ボルディー ウォータータンク20ℓ

¥3,000

サイズ：約39.5×19×36㎝
容量：約20ℓ
重量：約1,600g
素材：ポリエチレン
問：キャプテンスタッグ

調理用や飲用水を貯蔵するウォーターダンクは、キャンプの名脇役。水場が遠い場合には食器洗いにも活用できるので、ひとつは手に入れておきたい。大勢で出かける時には、何度も汲む手間が省ける大容量タイプを

専用スタンドを使えば、さらに快適

Point_Water jug

種類豊富なので、使用目的で厳選を

大容量から5ℓ程度の伸縮性キャリアまで、水タンクも種類が多い。訪れるキャンプ場や持参する荷物量に合わせて、上手に使い分けを

キャプテンスタッグ／ウォータータンク用スタンド

¥2,600

サイズ：約30×31.5×36.5㎝
重量：約1,400g
素材：鉄
問：キャプテンスタッグ

スタンドを使えば水出しも容易に。タンクの落下を防ぐベルトと、カップなどをかけられる便利フックも付いている

Point_Dust Box

容量と収納時の状態を確認

キャンプ中のゴミの多くは飲食によるもの。人数や料理内容などで必要な容量も変わってくる。小さく収納できるものが必須だ

ロゴス／洗えてたためるダストBOX

¥9,000

サイズ：約62×33×50㎝
重量：約1,700g
素材：EVA
問：ロゴスコーポレーション

カラー使いで分別も容易なダストBOXは、防水＆フタ付きで水分や臭いも安心。丸洗いできるので、いつも清潔な状態を保てる。フックボタンが装備されており、ゴミ袋の着脱も簡単。収納時は高さ8㎝まで小さく！

スタンレー／ウォータージャグ7.5L

¥9,000

サイズ：約φ29.7×34.4㎝
容量：約7.5ℓ
重量：約1,600g
素材：ポリプロピレン
問：ビッグウイング

頑丈なハンドルや留め金を装備しているので、7.5ℓの大容量でも壊れる心配なし。片手で押せる注ぎ口からは勢いよく水が流れ、ストレスなく飲み物を注ぐことができる。内側には氷の詰まりを防ぐアイスキャッチ付き。注ぎ口の洗浄も簡単だ

SOTO／ウォータージャグ

¥3,700

サイズ：約31.2×37.2×22cm
容量：約12ℓ
重量：約1.260g
素材：ポリエチレン
問：新富士バーナー
＊システムスタンドST-601
（¥5,000）は別売

使いやすさとスペースの有効活用を考慮したこのモデルは、同社のシステムスタンドにぴったりはまる大きさ。スタンドの上にバーナー、その下にウォータージャグを収納すれば、調理を快適に進められる

ユニフレーム／しっかり分別フィールドゴミスタンド

¥4,630

サイズ：約52×35×55cm
重量：約1,500g
素材：スチール
問：ユニフレーム

広々としたキャンプ場ではついつい分散しがちなゴミも、最大4つまで分別できるゴミスタンドがあればしっかり収集できる。一般的なレジ袋を引っ掛けるだけなので、かなり経済的。収納時は厚さ2.5cmまで小さくなる

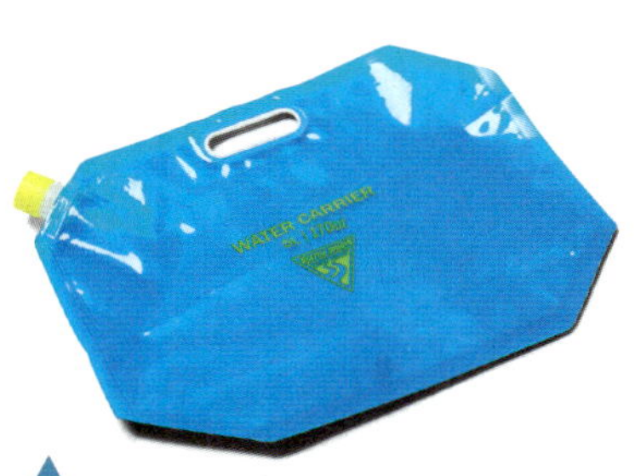

シアトルスポーツ／アクアスト ウォーターキャリア

¥2,000

サイズ：約26.6×35.5cm
容量：約5ℓ
重量：約60g
素材：ポリエチレン
問：エイアンドエフ

収納すると手に収まる程度までコンパクトになるこのモデルは、もしもに備えて常に持参しておくと安心。軽量なのでセカンドタンクにしても邪魔にはならず、アクティビティ中の水分補給にも活用できる

イグルー／ウォータージャグ 400S 3ガロン

¥20,000

サイズ：約φ32.8×37cm
容量：約11.4ℓ
重量：約2,000g
素材：ポリエチレン、ポリプロピレン
問：キャプテンスタッグ

独自技術の高密度ウレタンフォームを用い、保冷力抜群のクーラーボックスを展開する「イグルー」が作ったウォータージャグは、アメリカブランドらしいデザイン。プッシュ式なので水の無駄使いも防げる

キャプテンスタッグ／抗菌 伸縮ウォータージャグ 10L

¥1,800

サイズ：約23×25.5×31.5cm
容量：約10ℓ
重量：約220g
素材：ポリエチレン
問：キャプテンスタッグ

頑丈で安定感のある水タンクの他に、携帯用や防災用として小さくたためるタイプも持っておくと便利。収納時は9cm程度の高さになるこのモデルは、軽量さもポイント。10ℓを確保できる大容量も魅力的だ

コフラン／ポップアップキャンプトラッシュカン

¥3,200

サイズ：約φ48.2×61cm
容量：約111ℓ
重量：約700g
素材：ポリエチレン
問：エイアンドエフ

フィールドでの利便性と携行性を追求する「コフラン」は、革新的で軽量な便利グッズを多数展開。111ℓも入る大容量のゴミ箱は、ジッパーを留めるだけで収納可能。アイデア次第で多様な使い方ができる

ユニフレーム／キッチンtank

¥2,778

サイズ：約52.5×22×14.3cm
重量：約1,300g
素材：ポリエチレン
問：ユニフレーム

同ブランドのキッチンテーブルにすっぽり収まるウォータージャグ。ジャストサイズなのでぐらつきもなく、スペースを有効活用できる。アウトドアブランドはセットギアも多数展開しているので、活用すると便利だ

これを知っていれば脱ビギナー！

葉っぱの見分け方

植物を観察する際は花や実に目がいってしまいがち。
しかし、ほぼ通年見られる葉っぱをよく観察してみれば、
いつでも葉っぱだけで木が見分けられるようになる。

Text by Kei Ikeda　Illustration by Yusuke Arai

ヒノキ
本来は山地の岩場に
自生するが、広く植
樹されている。古く
は火を起こすのに使
ったことが名の由来

カシワ
柏餅を包む葉として
お馴染み。長さは
30㎝ほどにもなり、
葉先は丸く尖らない。
裏は毛が密生する

ヤマブドウ
山地の林に生え、葉
は長さ15〜30㎝に
なる。秋には生でも
食べられる実をつけ、
葉は赤く紅葉する

ホンシャクナゲ
山地の尾根や岩場に
はえ、春に大きく美
しい花が咲かせる。
裏側に褐色の毛が密
生しているのが特徴

オオモミジ
庭や公園にも広く植
えられている。葉は
7つ、もしくは9つ
に分裂する。春には
花も咲かせる

クロモジ
葉は枝先に集まって
つき、枝は緑で黒い
模様が入る。葉をち
ぎるとスパイスのよ
うな爽やかな香り

ヤツデ
標高の低い山でも見
られ、通称「天狗の
羽団扇」。晩秋〜初
冬に咲く花はハエや
アブを集める

ブナ

特徴は波打つような葉の形。冬に雪が積もるような気候の山地に生え、樹高は15〜30mにもなる

ケヤキ

雑木林や谷沿いに生える。カーブした鋸状の葉とウロコ状に剥がれる樹皮が特徴。実は食べられない

ホオノキ

山地の林に生え、日本産樹木でも最大級の葉をもつ。食物を包んだことから「包の木」が名の由来

アカマツ

葉は2本ずつ束生し、山地や低地で見られる。葉先は触れても痛くない。幹が赤いことが名前の由来

サンショウ

低地〜山地の林に自生する。実はもちろんだが、葉も揉むとサンショウ特有の強い香りがする

スギ

鎌形の葉が特徴。神社や公園、低山などに広く植林されるが、本来は山地の岩場や尾根に自生している

ヤマザクラ

低地や山地の林に生える野生のサクラ。ソメイヨシノとの見分け方は、葉と花が同時に開くこと

クヌギ

コナラと並び、低山の雑木林の主役。鋸型の葉と大きなドングリが特徴。樹液にカブトムシも集まる

木の実の見分け方

**子どもも参加できる木の実探しは、秋キャンプの楽しみのひとつ。
一口にドングリといっても、その特徴で樹種を
見分けることができるので、代表的なものだけでも覚えてみよう。**

Text by Kei Ikeda　Illustration by Yusuke Arai

▲ ハンノキ

小さなマツボックリのような実をつける。丈夫で、クリスマスの飾りやアクセサリーとしても使われる

▼ スギ

刺々しい鎌状の葉がついた枝の先端に、こちらも刺々した球果がなる。中に小さな種がたくさん入っている

▶ コブシ

10月頃に赤いハート型の種子が現れ、さらに熟すと白い糸を引いて垂れ下がる。春に咲く香り高い花も見事

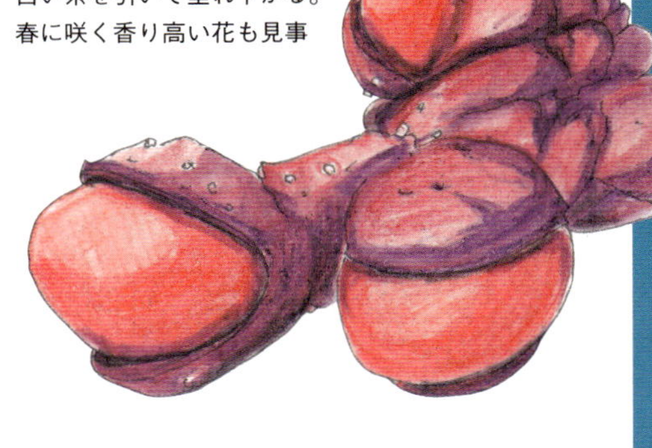

▲ ブナ

若いうちは毛むくじゃらの殻に覆われており、小粒だが栄養価が非常に高い。雪国の森に多く見られる

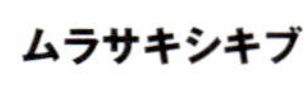

▼ ムラサキシキブ

雑木林で紫の宝石のように輝く実。直径4mmほどの実を鳥がついばんで種を運ぶ。初夏に咲く紫の花も美しい

▲ モミジバフウ

秋になると街中でも見かける特徴的な実は、乾くと中から翼をもつ種子が溢れる。葉はモミジに似ている

ナンテン

冬に色鮮やかな実をたくさんつける。果実は苦く、そのまま食べると毒があるので食べないように

▼ **イロハカエデ**

タケコプターのような実は、乾くと回転しながら風に飛ばされ、遠くまで種子を運ぶための実用的な形

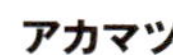

▲ **アカマツ**

いわゆるマツボックリはアカマツかクロマツに大別される。初めは閉じているが、乾燥すると次第に開く

▲ **マテバシイ**

ドングリはお椀と枝とセットで落ちる。渋みが少なく炒って食用可。本来は九州以南の尾根などに自生する

▼ **シラカシ**

カシの代表種。小粒だが毎年大量の実をつける。街中や公園でも見つけられる。お椀の模様は横縞だ

▲ **ミズナラ**

コナラと似ているがひと回り大きく、別名オオナラともいう。寒冷な山地に自生し、クマやリスの大好物だ

◀ **コナラ**

細身で明るい色と網目模様のお椀が特徴。クヌギと共に、キャンプ場周辺の雑木林でも見つけやすい

▲ **カシワ**

大きく特徴的な形の葉で知られるカシワも丸っこい実をつける。赤みを帯びてカサカサした帽子が特徴的

▲ **クヌギ**

実の直径は2cmほど、モジャモジャのお椀は最大で5cmほどになる。低山の雑木林などで見られる

Others

[その他のギア]

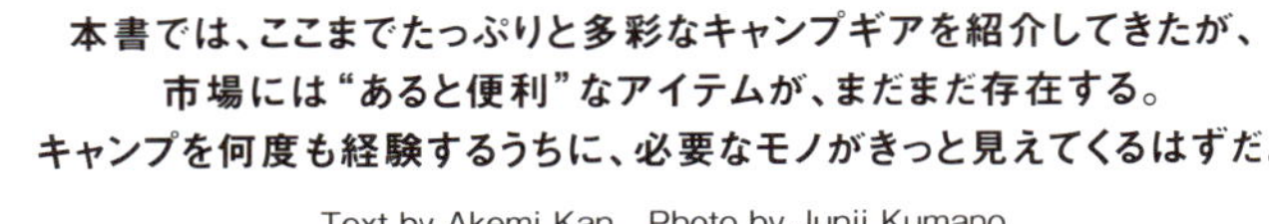

**本書では、ここまでたっぷりと多彩なキャンプギアを紹介してきたが、
市場には“あると便利”なアイテムが、まだまだ存在する。
キャンプを何度も経験するうちに、必要なモノがきっと見えてくるはずだ。**

Text by Akemi Kan　Photo by Junji Kumano

◀ コールマン／ アウトドアワゴン

¥11,800

荷台サイズ：約88×42×31㎝
重量：約11kg
耐荷重：約100kg
問：コールマンジャパン

多くの荷物を運べる収束型ワゴンは、駐車場からキャンプ場まで距離がある場合に大活躍。ストッパー付きの大きなタイヤは芝生の上もスムースに移動でき、坂道も安心。両サイドには荷物を固定できるDリング付き

Point_1

荷物の運搬も考慮すべし！

テント、寝袋、テーブルにチェア……、ざっと計算するだけでもその量は多い。オートキャンプ以外の場合は、ワゴンを使用しよう

▶ ファイヤーサイド／ ファイヤーブラスター

¥4,300

長さ：約60㎝
重量：約120g
材質：アルミ、ブナ材
問：ファイヤーサイド

スリムなフォルムとブナ材の優しい温もりが特徴の火吹き棒は、わずかなおき火や炭火、弱くなった炎をあっという間に甦らせる。火加減をうまく調整できれば、キャンプでの快適さもきっと変わってくる

Point_2

便利グッズも活用したい

焚き火や炭火で必要なのは、安定した炎の供給。必須ではないが、弱まった炎を復活させる火吹き棒や、薪ばさみなどがあると便利だ

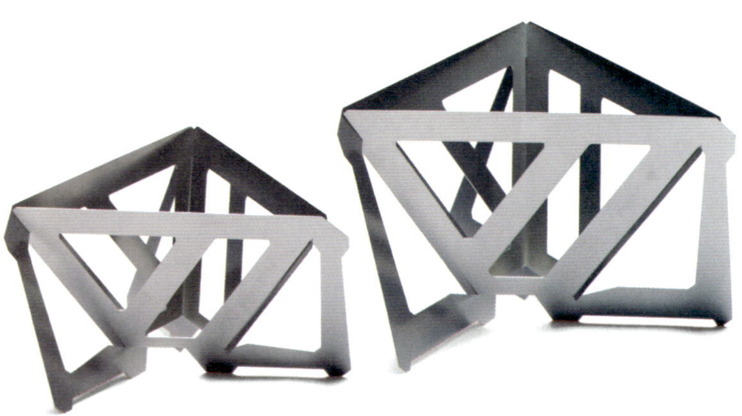

▶ ミニーク／ テトラドリップ 01S、02S

¥2,800（01S）、¥3,200（02S）

サイズ：約10.6×6.9×0.09cm（01S）、約13.2×9×0.09㎝（02S）
容量：約1.5カップ（01S）、約3.5カップ（02S）
重量：約25g（01S）、約40g（02S）
素材：ステンレススチール
問：ミニーク

キャンプの醍醐味のひとつといえば、大自然の中で飲むコーヒー！ アウトドア用に企画されたドリッパーは、折りたためばパスポートサイズになり携帯性も抜群。ミニマルなデザインもおしゃれ

▲
キャプテンスタッグ／取っ手付FDコンテナM、L

¥2,000（M）、¥3,000（L）

サイズ：約38×25.5×20.5㎝（M）、約45×31.5×25.5㎝（L）
重量：約560g（M）、約920g（L）
容量：約24ℓ（M）、約26ℓ（L）
材質：ポリプロピレン
問：キャプテンスタッグ

必要な道具をガンガン詰め込んで持ち運べる取っ手付きコンテナは、雨や泥も気にならないラフさ。ボックス型は車のトランクに積む時にも整理しやすい。折りたためばコンパクト収納可能

▲
**キャプテンスタッグ／
ポンピングシャワー7.5L**

¥7,000

サイズ：約φ18×55㎝
重量：約1.4kg
容量：約7.5ℓ
問：キャプテンスタッグ

20回のポンピングで約1.5分使用できるシャワーは、電気や電池も必要ないので、どんな場面でも活躍。連泊する際の入浴代わり、夏場の汗ばみ回避、子どもたちの泥汚れ、海水浴など、アイデア次第でさまざまな使い方ができる

▲
コールマン／ハンギングチェーン

¥1,480

サイズ：約1.4〜1.7m
重量：約115g
材質：ナイロン、他
問：コールマンジャパン

多くのギアを持参し、暗闇でも活動するテント泊キャンプは、小さな道具をなくしてしまうことも多い。ポールやテント周りに引っ掛けられるハンギングチェーンを活用して、コップやランプなどの必要小物を保管しよう

▲
SOTO／スライドガストーチ ST-480

¥2,200

サイズ：約3.5×1.8×11〜18.5㎝
重量：約55g
燃焼時間：約15分
燃料：カセットガスまたはライター圧ガス
問：新富士バーナー

炭や焚き木の火種を安全に着火できるトーチは、必ず持参したいアイテムのひとつ。火口が伸びるデザインならコンパクトに持参でき、荷物軽減にも繋がる。カセットガスとライターガスを使用できるので、燃料確保も簡単だ

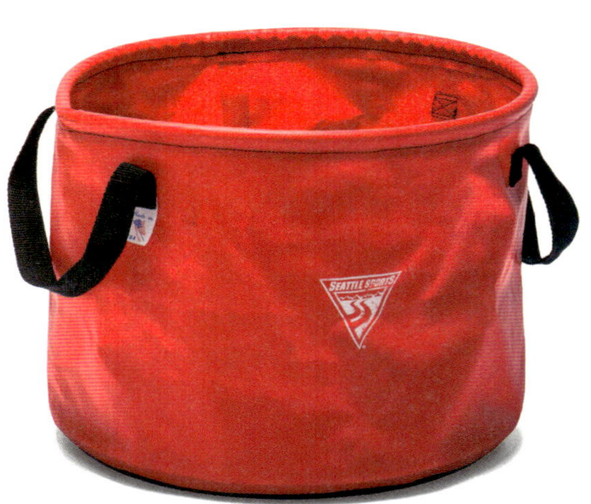

▲
**ロゴス／
薪ばさみ**

¥2,100

サイズ：約42×8×2.5㎝
重量：約330g
問：ロゴスコーポレーション

重い薪もしっかり挟める薪専用ばさみは、掴みやすい形状なので、焚き火に不慣れなキャンプ初心者も扱いやすい。炎が強くて焚き火台に近づきにくい場合も、これがあれば安心だ。キャンプマスターを目指してゲット！

▲
**ユニフレーム／
UFコーヒーミル**

¥4,445

サイズ：約φ8.4×19.2㎝
収納サイズ：約φ8.4×9㎝
重量：約430g
材質：ステンレス、ABS樹脂
問：ユニフレーム

キャンプ場では、挽きたての豆で入れるコーヒーの味も格別。ステンレス鍛造の刃を採用したコーヒーミルなら切れ味も良く、豆の香りも十分に楽しめる。ミル部分を逆さにしてカップに入れれば、コンパクトに

▲
**シアトルスポーツ／
ジャンボキャンプシンク**

¥3,800

サイズ：約φ37×25.4㎝
重量：約370g
容量：約25ℓ
問：エイアンドエフ

ビニールコーティングされたナイロンバッグは、道具の運搬から食材の保管、食器洗いなど、多用途に使用が可能。使わない時には折りたためるので、車に搭載しておくと便利。使い分けにも便利な4色展開

▲
**SOTO／
モクモグ ST-116**

¥1,180

サイズ：約45.5×23×45㎝
重量：約470g
問：新富士バーナー

楽しい燻製作りは、キャンプ料理の盛り上げ役。ギア購入に迷っている人は、段ボール式の簡単スモーカーで、燻製作りにチャレンジしてみよう。子どもと付属シールでカスタムすれば、家族みんなが楽しめる

ユニフレーム／フィールドキャリングシンク

¥6,389

サイズ：約37.5×26×13.5㎝
重量：約1.2kg
容量：約6ℓ
材質：ステンレス、天然木
問：ユニフレーム

4人分程度の食器や野菜の運搬や収納具として、多機能に使えるシンクは、まな板にも活用できるフタ付きでさらに便利。シンクは直接火にかけられるので、温かいお湯を使って洗い物もできる

ロッジ／マグネット トリペット ラージ

¥3,200

サイズ：約φ20.32×C.64㎝
重量：約180g
素材：シリコーン
問：エイアンドエフ

ダッチオーブン料理は、そのままテーブルにサーブすれば料理も冷めにくく華やか。ただし、熱すぎてテーブルを傷つける恐れがあるので鍋敷きは必須だ。磁石が内蔵されたタイプなら、鋳鉄もしっかり固定できる

ユニフレーム／焚き火ロースター

¥2,686

サイズ：約φ16×32㎝
収納サイズ：約φ16×6.5㎝
重量：約200g
材質：ステンレス
問：ユニフレーム

コーヒーにこだわるなら、豆から煎るという選択もあり。メッシュが炎を逃さず熱に変換する特殊耐熱鋼を使っているので、初心者でもムラなく焙煎できる

コールマン／ベルトコンテナ L

¥4,980

サイズ：約53.5×36×28㎝
重量：約2kg
容量：約44ℓ
材質：ポリプロピレン
問：コールマンジャパン

幅50㎝以上のコンテナがあれば、寝具から調理道具の運搬まですべてOK！両手を自由に使えるショルダーベルト付きなら、さらに快適さが増す。高さ6㎝に収納できるので、車内でも邪魔にならない

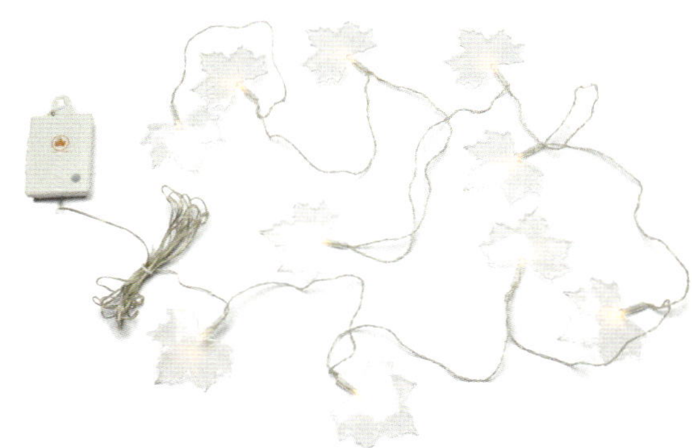

ロゴス／メイプルデコレーションライト10 WP

¥3,500

サイズ：約5.5m
重量：約250g
バッテリー：単3電池×3本
問：ロゴスコーポレーション

人気キャンプ場の夜はテント数も多く、自分たちのテントを探すのもひと苦労。テント周りを飾るライトは、じつはそんな時の目印にも使える。優しく光るメイプルリーフは、取り付けやすい専用フック付き

全国各地のオススメ キャンプ場ガイド

guide of a recommended campplace

全国各地には、素晴らしい自然や多彩なアクティビティ、温泉付きなど
個性豊かなキャンプ場が点在している。
お気に入りの道具を揃えたら、早速キャンプ場へ出かけよう。

Text by Akemi Kan

Theme 1 アクティビティも充実!

01

https://www.muji.net/camp/

無印良品津南キャンプ場

豊かな森で開催されるアウトドア教室にも注目

無印良品が経営するキャンプ場は全国に3つ。その中でも、豪雪地特有の植物の多様な生態を見られる津南キャンプ場は、カナディアンカヌーやフライフィッシング、昆虫探索など、アクティビティも多数。ダッチオーブン料理や草木染めなど、女性に嬉しい教室も開催している。貴重なクワガタやホタル、サンショウウオなどが生息し、シーズン中には場内で山菜採りができるなど、自然の豊かさもピカイチ。周辺に点在する温泉巡りも魅力だ

所在地：新潟県中魚沼郡津南町上郷寺石／電話：03-5950-3660（MUJI アウトドアネットワーク）／サイト料金：（フリーサイト）大人¥1,620、小学生¥810、幼児無料（オートサイト）大人¥2,160、小学生¥1,080、幼児無料／開設期間：5月中旬〜10月末／総サイト数：オートサイト約200、フリーサイト2エリア

02

https://www.chuo-alps.com/family/

PICA富士西湖

湖畔に位置するキャンプ場で、アクティブキャンプ!

非日常的で快適なキャンプを提供するPICAリゾートは、山梨県や静岡県など、さまざまなエリアにキャンプ場を展開。都心からのアクセスもいいPICA富士西湖は、カヌー、カヤック、釣り、マウンテンバイクなど遊びも盛りだくさん。ドッグランもあるので、愛犬とのキャンプも楽しめる。コテージやトレーラーも併設しているので、初心者キャンパーも安心。ギアのレンタルも充実している

所在地：山梨県南都留郡富士河口湖町西湖2068-1／電話：0555-30-4580（PICAヘルプデスク）／サイト料金：（フリーサイト）¥2,600〜（オートサイト）¥2,800〜／開設期間：通年／総サイト数：オートサイト40、フリーサイト16

http://camp-inn-miyama.com/

キャンプinn海山

三重県

日本有数の美しい川で
川遊びを満喫！

キャンプ場の前を流れるのは、日本有数の透明度を誇る銚子川。背後には豊かな森があり、川沿いと林間のどちらでもキャンプを楽しめる。夏休み中は、毎週水曜と土曜にあまごつかみ取り体験も開催。カナディアンカヌーや川遊びなど、夏にぴったりなアクティビティが充実だ。世界遺産の熊野古道までも車で10分！

所在地：三重県北牟婁郡紀北町便ノ山271／電話：0597-33-0077／サイト料金：(オートサイト) ¥1,550〜／開設期間:通年（11月〜3月の水曜は休み）／総サイト数：オートサイト70

---

https://www.chuo-alps.com/family/

駒ヶ根高原アルプスの丘
家族旅行村

長野県

バラエティ豊かな遊戯と
温泉を楽しむ

中央自動車道・駒ヶ根インターから車で約3分。アクセス抜群のキャンプ場内には、パターゴルフ、ゴーカートなどのレクリエーションを用意。2歳の子どもから楽しめるランバイクコースや景観抜群の温泉まであり、誰もが大満足できる仕組み。手ぶらバーベキューを楽しめる全天候型のバーベキューテラスも人気だ

所在地：長野県駒ヶ根市赤穂23-170／電話：0265-83-7227／サイト料金：(フリーサイト) ¥4,100〜(オートサイト) ¥4,600〜(AC付きオートサイト) ¥5,700〜／開設期間：4月〜11月（露天こぶしの湯は通年営業）／総サイト数：AC付きサイト17、オートサイト44、フリーサイト約20

---

http://autocamp-tochio.com/

オートキャンプとちお

奈良県

夏休みにぴったりな
渓流遊びを体験できる

エメラルドグリーンの渓流が美しい「天の川」の横にあり、魚釣りやボート遊び、水辺のアクティビティも充実。ライフジャケットや浮き輪のレンタルも行っているので、小さな子どもも安心だ。通常のテントサイトとは別に吉野杉で手作りしたバンガローも併設しているので、初めての家族キャンプでも快適！

所在地：奈良県吉野郡天川村栃尾9番地／電話：0747-65-0200／サイト料金：(オートサイト) 小¥3,000、大¥4,000／開設期間：3月中旬〜12月24日／総サイト数：小5区画、大4区画

---

http://www.reginaforest.com/

羽鳥湖高原レジーナの森

福島県

愛犬も喜ぶ充実設備と
天然温泉＆スパが魅力

約200万㎡もの広大な森を有する「レジーナの森」は、マウンテンバイク、フィッシング、体験教室など、アクティビティが多数。愛犬向けの多彩な施設も特徴で、犬と楽しめるカナディアンカヌーや温泉まで用意。ギアレンタルが充実したキャンプサイトも、自然林に囲まれ広々。滞在中は入り放題の天然温泉もある

所在地：福島県天栄村羽鳥字高戸屋39／電話：0248-85-2525／サイト料金：(オートサイト) ¥4,320〜（AC付きサイト）¥5,400〜（ドッグフリー）¥6,480〜（キャンピングカー）¥7,560〜／開設期間：通年／総サイト数：オートサイト51、AC付きサイト20、ドッグフリー2、キャンピングカー4

07

http://www.inawashiroko-mv.com/

RV Resort
猪苗代湖モビレージ

福島県

外遊びの魅力を存分に味わえる贅沢なロケーション

早くから欧米のキャンプスタイルを取り入れたこの場所は、長期滞在型のキャンプ場としても人気。猪苗代湖畔に位置し、磐梯山が一望できる素晴らしいロケーションも魅力だ。ジャングルのような景色を眺めながら進むカヌー体験、場内のマウンテンバイクコース、手漕ぎボートのレンタルなど、自然遊びも盛りだくさん。目の前の遊泳場は遠浅なので、子どもも安心して湖水浴を楽しめる

所在地：福島県会津若松市湊町大字赤井字笹山原408／電話：0242-94-2052／サイト料金：（オートサイト）¥3,000（施設使用料）大人¥600、子ども¥400／開設期間：4月〜2月初旬／総サイト数：オートサイト100

09

http://www.camp-cabins.com/

キャンプ・アンド・キャビンズ
那須高原

栃木県

子どもたちが喜ぶイベントや設備が満載

暖炉やハンモック付きのキャンプサイトやおしゃれな雑貨屋など、趣向をこらした施設内では毎週末イベントを開催。夏休みは子ども向けのイベントも充実する。那須インターから近いので、那須高原観光のベースキャンプにも最適

所在地：栃木県那須郡那須町高久甲5861-2／電話：0287-64-4677／サイト料金：（オートサイト）¥5,000〜／開設期間：1月中旬〜2月末／総サイト数：オートサイト50

08

http://www.twinring.jp/f-glamping/

ツインリンクもてぎ
森と星空のキャンプヴィレッジ

栃木県

1泊2日では物足りない充実度！

遊園地や自然体験を満喫できる森など、多くのアクティビティが複合したテーマパーク「ツインリンクもてぎ」内にあるキャンプ場。7/15〜9/3は、場内にて夏イベントも開催。家族みんなで楽しめる内容だ

所在地：栃木県芳賀郡茂木町桧山120-1／電話：0285-64-0489／サイト料金：木もれ陽サイト¥5,700〜、林間サイト¥3,500〜、他／開設期間：通年（1月末〜2月上旬に約2週間、6月中旬に4日間の園内設備点検休業あり）＊12月〜2月は火水定休／総サイト数：木もれ陽サイト24、林間サイト20、グランピングサイト10、他

11

http://www.ryu-yo.co.jp/AUTO/

磐田市竜洋海洋公園
オートキャンプ場

静岡県

川と海に囲まれた多目的なプレイフィールド

遠州灘に面したキャンプ場は、遊びも満載。日本オートキャンプ協会より五つ星認定を受けた快適空間が特徴で、レンタル品も充実している。この夏には「BBQ食事付きカヌー＆手漕ぎボート体験教室」を予定。家族で参加したい

所在地：静岡県磐田市駒場6866-10／電話：0538-59-3180／サイト料金：（フリーサイト）¥3,080（オートサイト）¥5,140（キャンピングカー）¥6,480／開設期間：通年（1月、2月に1週間程度のメンテナンス休業あり）／総サイト数：オートサイト42、フリーサイト27、キャンピングカーサイト3

10

http://sweetgrass.jp/

北軽井沢スウィートグラス

群馬県

初心者も安心の設備と豊かな自然が自慢

浅間高原に広がる3万坪の敷地には森と小川と草原があり、豊かな自然を心ゆくまで満喫できる。夏に開催される「SGウォーターバトル」は子どもたちに大人気。全施設に薪ストーブを設置するなど、一年を通して快適に楽しめる

所在地：群馬県吾妻郡長野原町北軽井沢1990-579／電話：0279-84-2512／サイト料金：（オートサイト）¥1,000〜／開設期間：通年（年に数日間のメンテナンス休業あり）／総サイト数：オートサイト約130

12　ザファーム

http://www.thefarm.jp/

千葉県

広々とした芝生の上で、贅沢なバーベキューを

農園リゾート複合施設としてオープンした「ザ・ファーム」は、丘の上に広々とした農園があり、野菜収穫体験やバーベキューなどが付いたキャンプブランも実施。話題のグランピング施設もかなり充実しており、誰でも簡単に非日常気分を味わえる。手ぶらで楽しめる本格ダッチオーブン料理や新鮮な食材を使った料理を提供するレストランなど、料理のクオリティも高い

所在地：千葉県香取市西田部1309-29／電話：0478-79-0666／サイト料金：(フリーサイト)大人4名基本料金¥8,000～／開設期間：3月～11月／総サイト数：フリーサイト4、グランピング26

14　有野実苑オートキャンプ場

http://www.arinomi.co.jp

千葉県

美しく手入れされた農園で優雅な時間を満喫

豊かな森に囲まれたキャンプ場は、都心から約90分というアクセスの良さながら、空気もきれいで静かな時間が流れる素敵空間。年間を通して収穫を体験できる農園があり、無農薬で育てた新鮮な野菜をその場で味わうことができる

所在地：千葉県山武市板中新田224／電話：0475-89-1719／サイト料金：(オートサイト)¥3,000、別途施設管理費大人¥1,100、子ども¥550／開設期間：通年／総サイト数：オートサイト85

13　いなかの風キャンプ場

http://inakanokaze.com

長野県

稲刈りや野菜の収穫体験で、里山の豊かさを学ぶ

里山に息づく本物の自然を体験できるこの場所は、中央アルプスを一望できる抜群のロケーション。昔の棚田を生かしたテントサイトは広々としており、施設内には水田や農園も設置。季節ごとに行われる農作業に参加できる

所在地：長野県上伊那郡飯島町日曽利43-3／電話：0265-86-6655／サイト料金：(フリーサイト)¥5,000(オートサイト)¥4,000～¥9,000／開設期間：3月中旬～11月末／総サイト数：オートサイト30、ペットサイト6、フリーサイト5

キャンプ&BBQ 最新ベストギア

Staff

Publisher
角　謙二　　Kenji Sumi

Editor
島貫朗生　　Akio Shimanuki

Editorial Staff
池田　圭　　Kei Ikeda
菅　明美　　Akemi Kan
猪野正哉　　Masaya Ino

Creative Director
山田洋一　　Yoichi Yamada

Art Director
今村克哉　　Katsuya Imamura

Art Associates
高橋　悠　　Haruka Takahashi
奥津聡子　　Satoko Okutsu
金沢千枝　　Chie Kanazawa

DTP Section
鈴木愛美　　Aimi Suzuki

Advertising Director
相原民雄　　Tamio Aihara

Advertising Division
岩下和彦　　Kazuhiko Iwashita
山口賢一　　Kenichi Yamaguchi
松元麻希　　Maki Matsumoto
鈴木由夏　　Yuka Suzuki
加藤雄一　　Yuichi Kato

Sales Director
三浦　淳　　Atsushi Miura

Sales Division
渡辺芳宏　　Yoshihiro Watanabe
手塚治郎　　Jiro Tezuka
近田耕太郎　　Kotaro Chikada
森田祐介　　Yusuke Morita

Photographers
熊野淳司　　Junji Kumano
宇佐美博之　　Hiroyuki Usami
亀田正人　　Masato Kameda
飯坂　大　　Dai Iizaka
猪俣慎吾　　Shingo Inomata

Staff Photographers
増川浩一　　Koichi Masukawa
廣瀬友春　　Tomoharu Hirose
宮田幸司　　Koji Miyata

Illustrater
荒井祐介　　Yusuke Arai

Location Support
たき火ヴィレッジ＜いの＞

Special Thanks
小雀陣二　　Junji Kosuzume

発行人　　角　謙二
編集人　　島貫朗生
発行所　　株式会社枻出版社
〒158-0096
東京都世田谷区玉川台2-13-2
販売部　　TEL.03-3708-5181
メディアプロモーショングループ
　　　　　TEL.03-3708-6051
編集部　　TEL.03-3708-7065

印刷所　　三共グラフィック株式会社

©2017　株式会社枻出版社
Printed in Japan

キャンプ&BBQ 最新ベストギア
2017年7月10日発行
※本誌掲載の写真・図版・記事等の
無断掲載、複製、転載を禁じます。